Das Meister-Orakel

W0047588

Günter Hager

Das Meister
Orakel

Die Synthese von
Tarot und I Ging

Im FALKEN TaschenBuch sind weitere esoterische Ratgeber zum I Ging und zum Tarot erschienen. Sie sind überall erhältlich, wo es Bücher gibt.

Sie finden uns im Internet unter: **www.falken.de**

Der Text dieses Buches entspricht den Regeln der neuen deutschen Rechtschreibung.

Dieses Buch wurde auf chlorfrei gebleichtem und säurefreiem Papier gedruckt.

Originalausgabe
ISBN 3 635 68015 X

Umschlaggestaltung: Zembsch'Werkstatt, München
Gestaltung: Beate Müller-Behrens
Redaktion: Daniela Weise, München / Susanne Janschitz
Herstellung: Michael Feuerer, Bad Aibling / Beate Müller-Behrens
Titelbild und Kartenabbildungen: aus dem Arcus Arcanum Tarot mit freundlicher Genehmigung der Firma AGM AG Müller, Neuhausen/Schweiz, © 1987 AGM. Weitere Reproduktion ist nicht gestattet.
Produktion: Buch-Werkstatt GmbH, Bad Aibling
Druck: Media-Print Informationstechnologie GmbH, Paderborn

Die Ratschläge in diesem Buch sind vom Autor und vom Verlag sorgfältig erwogen und geprüft, dennoch kann eine Garantie nicht übernommen werden. Eine Haftung des Autors bzw. des Verlags und seiner Beauftragten für Personen-, Sach- und Vermögensschäden ist ausgeschlossen.

817 2635 4453 6271

Inhalt

Vorwort

In diesem Buch wird erstmalig ein Verfahren vorgestellt, mit dem eine Synthese zweier großer Orakel-Traditionen möglich wird: der abendländischen Tradition des Tarot und der fernöstlichen Tradition des I Ging. Diese beiden Weisheitssysteme ergänzen sich auf wunderbare Weise. Es sollen aber der Charme und die typische Charakteristik jedes Systems beibehalten werden. Durch die Verbindung von Tarot und I Ging eröffnen sich völlig neue Deutungshorizonte.

Doch ehe wir zu dieser Synthese – dem Meister-Orakel – kommen, wollen wir Tarot und I Ging einzeln näher betrachten und Ihnen anhand vieler praktischer Beispiele verschiedene Wege und Verfahren zur Befragung dieser beiden Orakel zeigen, so dass Sie mit der praktischen Anwendung und Umsetzung vertraut werden. Sie lernen, die Tarotkarten und die I-Ging-Hexagramme zu deuten und den Bezug der Antworten zu Ihrer Lebenssituation zu erkennen. Sinnvoll genutzt, kann ein Orakel eine wichtige Hilfestellung im Leben werden und zur Problembewältigung beitragen. Im Grunde aber dient es der Selbsterkenntnis, und das ist sein wichtigster Aspekt. Man muss jedoch zuerst lernen, ehrlich mit sich selbst zu sein! Schwierigkeiten dürfte damit haben, wer die eigene Meinung höher bewertet als die Fakten.

Man kann sich den Orakeln aber durchaus auch auf eine leichte, das heißt spielerische Art nähern. Auch auf diese Weise kommt man zu interessanten und aufschlussreichen Ergebnissen. Wichtig sind aber in jedem Fall die ernsthafte Einstellung sowie Achtung und Respekt vor dem Orakel.

Für Freundschaft, Austausch, Anregungen und Unterstützung geht mein Dank an (ladies first!): Brigitte Hamann, Anita Rosin, Laurie Carr, Manfred Dimde und Bernd Schiele.

Günter Hager

Was ist ein Orakel?

In der Antike war Orakel die Bezeichnung für den Ort, an dem Priester oder Priesterinnen Weissagungen aussprachen. Erst später wurde der Begriff auch für die Weissagung selbst verwendet. Heutzutage wird Orakel meist als Synonym für den Vorgang der Befragung benutzt, unabhängig davon, um welche Art von Befragung es sich handelt, also etwa Tarot oder I Ging. Viele Menschen sind der Meinung, dass Orakelsprüche direkte, offen ausgesprochene Handlungsanweisungen sind, die sagen, was konkret zu tun ist. Dies ist jedoch der falsche Zugang. Vielmehr bedarf ein Orakelspruch noch einer Deutung bzw. Interpretation. Aus diesem Grund ist im Volksmund gern von „dunklen Orakelsprüchen" die Rede – eben weil es noch gilt, den Sinn der Mitteilung zu ergründen. Das Orakel wird in Bildern geäußert, die den Charakter und Inhalt der Frage sowie die Antwort auf der Ebene des Bildes treffend umreißen.

Doch worum geht es bei der Antwort, die das Orakel gibt? Um Selbsterkenntnis. Nicht umsonst war das Motto des berühmtesten Orakels der Antike, des Orakels von Delphi: Erkenne dich selbst! Genauer betrachtet geht es um folgende Fragen: Wo und wie findest du dich im Orakel wieder? Was bedeutet dies für deine Frage? Jeder muss selbst die richtige, das heißt für ihn zutreffende Interpretation finden und dann für sich entscheiden. Damit ist er aufgefordert, innerhalb seines Schicksals seinen Weg zu finden. Für die Deutung von Orakeln sind sowohl spontan-intuitive wie analytische Fähigkeiten wichtig. Beide müssen für die Interpretation zusammenwirken. Der Verstand leistet seinen Anteil, wenn es um Detailanalysen geht, die Intuition erkennt Zusammenhänge und tiefere Verbindungen, die dann vom Verstand wieder mit einbezogen werden. Orakel stellen immer eine Herausforderung an den Geist dar, und zwar im ganzheitlichen Sinn.

Der Unterschied zwischen Prophezeiung und Orakel

Orakelsprüche dürfen nicht mit Prophezeiungen, also dem Voraussagen der Zukunft, verwechselt werden, wenn es auch gewisse Gemeinsamkeiten gibt. Orakel fordern zu einer intensiven Auseinandersetzung mit sich selbst auf und helfen in zumeist schwierigen Lebenssituationen, die der

Verstand nicht zu überschauen vermag. Sie sind Wegweiser für den Schicksals- und Lebensweg. Eine Prophezeiung hingegen ist eine Vorhersage über kommende Ereignisse. Im Unterschied zur Prophezeiung weist das Orakel eine Richtung und lässt dem Fragenden noch Spielraum zur Gestaltung des Weges. Orakel zeigen die Möglichkeiten auf, die eintreten können, wenn diese oder jene Bedingung erfüllt bzw. eine bestimmte Gelegenheit ergriffen wird. Orakel fordern den Fragenden immer zur Beteiligung an der Schicksalsgestaltung auf. Eine Prophezeiung hingegen lässt keinen Spielraum mehr.

Es gibt auch die so genannten sich selbst erfüllenden Prophezeiungen. Gemeint ist damit, dass etwas eintritt, *weil* man – aufgrund einer Prophezeiung – so fest damit rechnet. Nun, natürlich begünstigt die Kenntnis einer Möglichkeit auch deren Wahrnehmung und Verwirklichung. Nehmen wir einmal an, jemand sagt voraus, dass man am kommenden Tag einen Unfall haben wird. Wenn einen nun dieses Wissen so belastet, dass man aus lauter Verwirrung tatsächlich einen Unfall baut, dann handelt es sich um eine sich selbst erfüllende Prophezeiung. Wenn hingegen die Prophezeiung lautet: Morgen wirst du einen Menschen treffen, mit dem du dich sehr gut verstehst, und das dann auch tatsächlich eintritt, dann kann man nicht von einer sich selbst erfüllenden Prophezeiung sprechen. Denn es ist noch eine andere Person unmittelbar mitbetroffen, bei der ebenfalls die Voraussetzung des guten Verständnisses gegeben sein muss.

Doch kommen wir auf unser erstes Beispiel mit dem Unfall zurück. Welche anderen Möglichkeiten außer der sich selbst erfüllenden Prophezeiung gibt es? Man fährt mit dem Auto übervorsichtig langsam und bewirkt somit ausgerechnet, dass ein anderes Auto von hinten auffährt. Oder man bleibt gleich zu Hause und stolpert dann über ein Kabel. Vielleicht beschließt man aber auch, den ganzen Tag im Bett zu verbringen, und da es auf die Dauer allein im Bett recht langweilig ist, holt man sich noch schnell nette Gesellschaft hinzu und bei der Heftigkeit der ausgeführten Aktivitäten bricht das Bett zusammen... Die meisten Menschen würden dann sagen: „Da sieht man es wieder, die Prophezeiung hat gestimmt!", und: „Das Schicksal ist unausweichlich." Wirklich? Wäre hingegen keiner der Unfälle eingetreten, hätte es vermutlich hinterher geheißen: „Da sieht man es wieder, man kann die Zukunft nicht voraussagen", oder: „Da habe ich dem Schicksal aber ein Schnippchen geschlagen." Wer hat nun Recht? Dass man aufgrund einer Warnung versucht, etwas Unheilvolles abzuwenden, ist nur zu verständlich. Doch wenn diese Warnung im Rahmen einer Zukunftsvorhersage stattfindet, dann ist die Vorhersage streng genommen tatsächlich falsch, denn es hätte ja heißen müssen: Morgen wirst du einen Unfall abwenden, indem du dich so oder so verhältst. Aber dann ist es auch schon keine Vorhersage mehr, sondern eine Anweisung zur Wegkorrektur!

Stellen Sie sich einmal vor, ein Zukunftsdeuter sieht das Unfallthema und die Möglichkeit, jetzt etwas für dessen Abwendung zu tun. Wenn er empfiehlt: „Bleibe morgen den ganzen Tag mit Gesellschaft im Bett", dann sieht er diese eine Möglichkeit, aber es ist eben einfach nur eine bestimmte Version der Zukunft, um den Unfall abzuwenden. Außerdem ist es keine echte Vorhersage mehr, wenn etwas an bestimmte Bedingungen geknüpft wird, zum Beispiel: Wenn du das tust, wird jenes die Folge sein. Es bleibt ein Rat zu einer bestimmten Handlungsweise. Ich möchte das jetzt gar nicht weiter ausführen. Wichtig ist nur, dass man sieht, wie kompliziert und verzwickt dieses Thema ist und welche Schwierigkeiten es mit sich bringt.

Wir müssen uns wohl oder übel davon verabschieden, die Stimmigkeit einer Vorhersage nur danach zu beurteilen, ob sie auch tatsächlich eintrifft. Vielmehr geht es darum, was man aus einer Vorhersage macht und was sie für den eigenen Lebensweg bedeutet.

So profitieren wir also wesentlich mehr, wenn wir uns nicht eine konkrete Prophezeiung erwarten, sondern das Orakel befragen. Denn es zeigt uns die Situationen und Wege in Mustern auf. Deren konkreter Zusammenhang lässt sich über das Leben erschließen. Das ist auch weitaus hilfreicher, zumal es zur eigenen Beteiligung geradezu auffordert.

Warum Orakel nicht irren

Ein gut überliefertes Beispiel für die Auslegung eines klassischen Orakels zeigt uns sehr schön, was ein richtiges Orakel ausmacht und warum es so zutreffend ist. Es handelt sich um die berühmte Frage des Königs Krösus von Lydien (6. Jahrhundert vor Christus) an das Orakel von Delphi, ob er gegen das Perserreich Krieg führen solle? Von der Priesterin des Orakels, der Pythia, erhielt er die Antwort: Wenn er den Grenzfluss Halys überschreite, würde er ein großes Reich zerstören. Krösus überquerte siegesgewiss den Halys und verlor den Krieg gegen die Perser. Damit zerstörte er sein eigenes Reich.

Vermutlich hätten nur die wenigsten Menschen bei der Auslegung des Orakelspruches die Doppeldeutigkeit berücksichtigt. Schließlich erwarten sich die meisten bei einem derartigen Orakel einen relativ konkreten, richtungweisenden Handlungsrahmen. Nun wäre die Antwort auch im Falle eines Sieges von Krösus richtig gewesen. Darauf kam es dem Orakel aber nicht an. Es ging ihm nicht darum, ob das eine oder das andere Extrem eintrat. Es hat zwar implizit gesagt, dass es nicht zu einer Pattsituation oder einer anderen Möglichkeit zwischen den Extremen kommen wird. Vielmehr hat das Orakel genau den Rahmen umrissen, um den es ging: nämlich den Bestand oder Fall eines Königreiches, wenn der Krieg geführt würde. Die Umsetzung des Orakelspruchs lag einzig beim Fragenden, weil er letztlich allein die Verantwortung für sein Handeln trug.

Denken wir noch einmal an das Motto des Orakels von Delphi: Erkenne dich selbst!

Orakel im Alltag

Wer ein Orakel im Alltag zu Rate zieht, wird bald feststellen, wie hilfreich es ist, dessen Wegweisungen zu berücksichtigen. Wir neigen oft dazu, den zweiten Schritt vor dem ersten zu tun, doch das Orakel fordert uns auf, zuerst den ersten Schritt zu machen, bis wir überhaupt reif sind für den zweiten Schritt. Aus diesem Grund bekommen wir auch nicht unbedingt die Antwort, die wir aus vordergründigen Absichten heraus erwarten oder die uns opportun erscheint. Damit führt uns das Orakel zu einem genaueren Hinsehen und zu einer genaueren Beschäftigung mit dem, was wirklich wichtig und maßgeblich für uns ist, was uns einen echten Gewinn bringt.

Bedenken Sie auch, dass eine Orakel-Befragung nicht das Leben ersetzen kann. Wenn man das Orakel immer und immer wieder befragt, zieht das Leben an einem vorbei, um einen schließlich an anderer Stelle abzuholen, was meist ein Erwachen zur Folge hat, das einen etwas unsanft auf den Boden der Tatsachen zurückwirft.

In diesem Zusammenhang habe ich immer noch eine Frau vor Augen, die die Karten so lange „quälte", bis sie das von ihr gewünschte Bild zeigten – sie hatte die Karten einfach immer wieder neu gemischt und ausgelegt. Damit wollte sie etwas herbeizwingen, was sich eben nicht zwingen lässt. Dies ist ein Beispiel eines selbstsüchtigen Umgangs mit dem Orakel. Worum es eigentlich geht, ist jedoch etwas anderes: nämlich dass wir unser

Inneres verstehen, einsehen, worum es geht, und letztlich dazu stehen können. Der Gewinn ist umso größer, wenn wir auf das achten, was sich für uns vorbereitet.

Ein weiterer wichtiger Faktor ist folgender: Das Orakel entlässt uns nicht aus der eigenen Verantwortung für das Leben! Es liegt in der Verantwortung eines jeden Menschen, das Orakel zum Guten für sich selbst (und gegebenenfalls auch für andere) einzusetzen. Lassen Sie sich beim Legen von positiven Gedanken leiten. Drängen Sie außerdem niemals jemand anderem eine Kartenlegung auf. Sie sollten es in jedem Fall auch ablehnen, für jemanden die Karten zu legen, dem es gar nicht darum geht, richtig zuzuhören, sondern nur darum, ein Wunschbild bestätigt zu bekommen. Übrigens: Das Orakel soll Orientierungs- und Entscheidungshilfen geben und nicht das Leben in erstarrte Lehr- oder Buchweisheiten zwängen. Es ist immer ein Stück Selbsterkenntnis und Selbsterfahrung. Lassen Sie sich dadurch bereichern.

Orakelbefragungen tragen dazu bei, die Belange der eigenen Person oder eine bestimmte Situation transparenter zu machen. Sie helfen uns, die Bereiche zu erschließen, die für uns im Dunkeln liegen, weil wir sie mit unseren normalen Sinnen oder mit dem Verstand nicht ohne weiteres erreichen und erklären können. Hinzu kommt: Aufgrund unserer Anlagen, Fähigkeiten und Erfahrungen bereitet sich die Zukunft in jedem Augenblick in uns vor. Zwar können wir in etwa abschätzen, was uns in der nächsten Stunde, am nächsten Tag, in der nächsten Woche, im nächsten Monat usw. erwartet. Doch gibt es immer wieder verschiedene Einflüsse, die wir nicht einkalkulieren und die unser Leben von einem Augenblick auf den nächsten in eine andere Richtung lenken. Diese Einflüsse sind zu einem Teil in uns selbst begründet, weil wir beispielsweise mit etwas unzufrieden sind. Der weitaus größere Teil besteht darin, dass wir eben nicht allein auf der Welt leben, sondern zusammen mit vielen anderen Menschen, mit denen wir uns gegenseitig beeinflussen. Es ist natürlich sinnvoll, sich auf Eventualitäten im Leben vorzubereiten bzw. einzustellen.

Wir wollen die Sache noch von einer anderen Seite betrachten: Jeder trägt in sich ganz individuelle Anlagen, Neigungen und Fähigkeiten, die zur Verwirklichung streben. Diese eigenen Impulse finden ihre Resonanz bei anderen, die auch auf einer entsprechenden Wellenlänge „schwingen". Ganz praktisch betrachtet: Gerade in diesem Moment, wo Sie das lesen, rufe ich als Autor bei Ihnen eine Resonanz hervor. Ich rege Ihr eigenes Schwingungspotential an. Es findet auch auf dieser Ebene eine Energie-

Übertragung statt. Und je ausgeprägter Ihre eigene Schwingung meiner Impulsschwingung entspricht, desto stärker werden Sie angeregt, wird Ihr eigenes Energiepotential aktiviert. Da Sie nun selbst mit Ihrer Energie stärker schwingen, wird sich das auch auf Ihr unmittelbares Umfeld übertragen, und wo Sie Resonanz hervorrufen oder finden, werden sich auf dieser Wellenlänge Anziehungen und weitere Anregungen ergeben. Das ist relativ vereinfacht dargestellt. Jeder verfügt über ein mehr oder weniger komplexes Schwingungsmuster. Sie als Leser bzw. Leserin und ich als Autor können auf einer bestimmten Ebene, nämlich der des Themas, um das es hier geht, einen sehr hohen Resonanzfaktor haben. Auf einer anderen Ebene bzw. in anderen Bereichen kann dieser Faktor höher, aber auch gleich null oder sogar regelrecht disharmonisch sein.

Auf diese Weise ist jeder von uns den unterschiedlichsten Schwingungen ausgesetzt, so dass uns das Leben oft wie ein „Wellensalat der Unwägbarkeiten" vorkommt, in dem wir uns aber dennoch orientieren und zurechtfinden müssen. Jeder wird bestrebt sein, darin harmonische Resonanzen zu finden oder hervorzurufen. Wenn uns eine Schwingung berührt und wir eine ausgesprochene Resonanz in uns verspüren, werden wir versuchen, die Quelle dieser Schwingung zu finden. Mit anderen Worten: Wir werden versuchen, das herauszufiltern, was uns am ehesten entspricht. Ein praktisches Beispiel: Sie fühlen sich vom Tarot angesprochen und wollen sich intensiver damit beschäftigen. Dabei sind Sie auf dieses Buch gestoßen.

Orakelbefragungen können uns nun sensibilisieren, so dass wir uns selbst über unser eigenes inneres Schwingungsmuster größere Klarheit verschaffen und dadurch lernen zu erkennen, welche Wege und Richtungen sich für uns eröffnen, die in Harmonie mit unserem Schwingungsmuster stehen. Mit Hilfe von Orakelbefragungen können wir die möglichen Wege in die Zukunft mental abklären. Damit leisten wir einen wesentlichen Beitrag zu einer Entscheidungsfindung, die von unserer gesamten Persönlichkeit getragen werden kann, weil sowohl Seele wie Geist beteiligt sind.

Die Quelle unseres Schwingungsmusters ist im tieferen seelischen Bereich anzusiedeln. Die Seele ist nach wie vor ein dunkler Bereich, dessen Wirken und Funktion wir zwar erfassen können, der sich aber doch jedem direkten, unmittelbaren Zugriff entzieht. Die Seele oder ein Teil davon lässt sich mit einem hochsensiblen Empfänger vergleichen, der selbst Ausläufer feinster Schwingungen wahrnehmen bzw. erspüren kann, die damit aber noch keineswegs unmittelbar dem Bewusstsein zugänglich sind. Oft ist es erst über einen Umweg – wie Orakelbefragungen oder Traumdeutung –

möglich, diese Schwingungen und Muster dem Bewusstsein zugänglich zu machen. Das Mischen und Ziehen von Karten oder das Werfen der Münzen beim I Ging sind ein Ausdruck, wie die Seele ihre höhere Schwingungsordnung auf das System der Karten oder Münzen überträgt, um die betreffenden Sinn-Bilder ans Licht zu bringen. So kann hinter einem scheinbaren Zufall – nämlich dem Ziehen der (zunächst verdeckten) Karten oder dem Werfen der Münzen – durchaus eine Gesetzmäßigkeit, nämlich das Wirken der Seele, stehen. Und hinter dem Wirken der Seele mag mancher göttliches Wirken sehen.

Die Erfahrung zeigt, dass sich eine erstaunlich hohe Übereinstimmung zwischen dem Orakel und dem aktuell fraglichen Lebensmuster und Lebenszusammenhang finden lässt. Auch wenn man oft zunächst erst wieder lernen muss, hinzusehen und zu erkennen, was an Bedeutendem man unter der Oberfläche zu Tage fördern kann.

Orakel wie Tarot oder I Ging, die in Symbolen und Bildern sprechen, stehen der Sprache und Ausdrucksform des seelischen Bereichs sehr nahe. Deshalb bilden sie eine gute Brücke, um seelische Zusammenhänge bzw. das, was dem Verstand allein nicht zugänglich ist, transparent zu machen.

Erst die richtige Frage führt zur richtigen Antwort

Ehe man sich überhaupt an ein Orakel wendet, muss man sich genau über die Frage im Klaren sein, die man stellen möchte. Die Formulierung ist damit von großer Bedeutung. Nur so kann man eine angemessene Antwort bekommen. Ein wirkliches Orakel antwortet immer neutral und auf der symbolischen Ebene. Erst durch die Deutung erhält die Antwort einen Sinn, eine Richtung und Wertung. Dabei muss die Symbolik in Übereinstimmung mit dem Bezugsrahmen gesehen werden – ein Zusammenhang, der vielfach unterschätzt wird. Eine Orakeldeutung muss sich an den individuellen Lebensumständen des Fragenden orientieren. Entsprechend abgestimmt sollte die Frage an das Orakel formuliert werden.

Allgemein gehaltene Fragen werden zu keiner befriedigenden Antwort führen. Es nützt auch wenig, eine Frage in allgemeiner Form auszusprechen und an etwas Spezielles dabei zu denken. Das Spezielle sollte gleich in der Frage erscheinen. Ein Beispiel: Die Frage „Was ist mit meiner Ehe?" mag berechtigt sein, wenn nur das vage Gefühl besteht, dass etwas damit nicht in Ordnung ist. Sie ist jedoch unangebracht, wenn die Ehe bereits offenkundig zerrüttet ist. In diesem Fall wäre es ergiebiger zu fragen: „Welche Möglichkeiten bestehen noch zum Erhalt der Ehe?" oder: „Welcher Weg führt mich durch diese Ehekrise?" oder: „Wie stehe ich jetzt zu meinem Partner?" oder: „Wie kann ich mich von meinem Partner lösen?" An der Art und der Formulierung der Frage ist zu erkennen, worum es dem Fragenden geht. Möglicherweise bringt dann das Orakel sogar einen anderen Schwerpunkt zum Vorschein, wenn beispielsweise jemand mit der Frage „Wie kann ich mich von meinem Partner lösen?" unterschwellig auf den Fortbestand der Ehe hofft – und Grund dazu hat.

Die klare Formulierung der Frage hat auch zur Folge, dass man sich intensiver mit dem Thema auseinander setzt, es von verschiedenen Seiten betrachtet und damit mehr innere Klarheit darüber erlangt. Möglicherweise gelangt man so zu einer inneren Gewissheit, die immer als beste Grundlage für alle Entscheidungen und Handlungen anzusehen ist. Auf diesem Fundament können Sie eine sichere eigene Position beziehen, so dass Sie zu Ihren Entscheidungen auch wirklich stehen und sie durchsetzen können.

Welche Fragen können oder dürfen an das Orakel gestellt werden? An sich ist (fast) jede Frage zulässig, wenn sie einem echten inneren Beweggrund entspringt. Es kann sich um Kleinigkeiten des Alltags handeln wie auch um grundsätzliche Fragen zum Leben oder Lebensabschnitt, um Fragen zur persönlichen Entwicklung oder Fragen zur Ergründung von Ursachen. Am besten eignen sich die W-Fragen: wie, was, wodurch usw. Je konkreter das Thema in der Frage ausgedrückt wird, desto leichter werden Sie in den Karten, Motiven und Texten Ihre Situation erkennen und die passende Antwort finden.

Einige Beispiele zur Veranschaulichung:

▷ Was entwickelt sich für mich über diesen Weg?
▷ Wie kann ich am sinnvollsten mit dieser Sache umgehen?
▷ Was habe ich in Bezug auf diese Sache zu berücksichtigen oder zu beachten?
▷ Was muss ich in dieser Sache durchsetzen?
▷ Was kann ich gegen die Zudringlichkeiten von Herrn X unternehmen?
▷ Wie kann ich mich vor den Avancen von Frau Y schützen?
▷ Was behindert mich in dieser Sache wirklich?
▷ Was kann ich hinsichtlich der Trennung unternehmen?
▷ Wie kann ich meinen Partner wieder zum Konsens oder zum Einlenken bewegen?

▷ Welches ist der wichtigste Punkt bzw. das wichtigste Thema in meinem derzeitigen Lebensabschnitt?

▷ Welches Ziel kann ich am besten verfolgen?

▷ Wie kann ich mein Ziel erreichen?

▷ Welcher Weg bietet sich in dieser Hinsicht für mich an?

Folgende Fragen sind hingegen ungeeignet, da sie am Wesen des Orakels vorbeizielen und offensichtlich nur die eitle Neugier befriedigen sollen: Ist Andy mit Sascha fremdgegangen und hatten die beiden sogar Spaß dabei? Hat Kalle gerade die Wahrheit gesagt?

Ob Sie es glauben oder nicht, das sind Fragen in der Art, wie sie mir in der Praxis bzw. im Leben wirklich untergekommen sind! Bei einem Anfänger oder Neuling, der aus Unkenntnis so fragt, mag das noch zu entschuldigen sein.

Auch sind Fragen nicht ganz unproblematisch, die sich mit anderen Menschen befassen, und zwar in dieser Art: Wie geht es meinem Freund Franz heute? Was macht meine Freundin Luise heute? Dazu besagt eine alte Regel aus der Orakeltradition: Man soll nicht ungefragt in anderer Leute Leben herumschnüffeln! Es ließe sich noch ergänzen: sondern erst einmal bei sich selber suchen!

Die Praxis der Orakelbefragung

Wenn es für Sie wichtig ist, bewahren Sie Ihre persönlichen I-Ging-Münzen bzw. Ihre Tarotkarten an einem besonderen Platz auf. Umwickeln Sie die Münzen bzw. Karten mit einem Tuch aus Naturstoff oder legen Sie sie in ein Kästchen aus Holz. Für andere ist dann Ihr Spiel tabu. Sollte es Ihnen gar nicht recht sein, dass andere Ihr Spiel in die Hand nehmen, dann müssen Sie sich einen zweiten Satz Karten bzw. Münzen zulegen, auf den Sie zurückgreifen, wenn Sie für Freunde und Bekannte Orakelbefragungen machen (sofern Sie das überhaupt tun). Es kann aber auch sein, dass es für Sie keinerlei Bedeutung hat, ob jemand anderes Ihr Spiel berührt. Hier muss jeder selbst entscheiden, was er für richtig hält. Ich will nicht verschweigen, dass jemand, der besonderen Wert auf die oben erwähnte Abgrenzung legt, ein künstliches Feld aufbaut, das recht sensibel schon auf geringe Störungen reagiert. Da Sie selbst auch ein nicht unwesentlicher Teil dieses Feldes sind, werden Störungen auch leichter auf Sie abfärben. Fazit: Man lebt durchaus stressfreier, wenn man auf die strenge Abgrenzung verzichten kann.

Rahmenbedingungen

Natürlich lässt sich eine Orakelbefragung auch zum mystischen Ritual stilisieren, doch dann wäre der Schritt zum Tanz um das goldene Kalb nicht mehr weit. Es wäre sicherlich erhebend, für eine Orakelbefragung einen Tempel aufsuchen zu können. Doch das ist eher äußerer Schein, der nicht unbedingt etwas mit dem inneren Wesen zu tun hat. Bedenken Sie: Alle großen Weltlehrer fanden ihre Lehre in der Abgeschiedenheit, in der Einöde der Natur, abseits von den etablierten und organisierten Kulten! Der Eremit im Tarot ist das Bild dazu, nicht der Hohepriester!

Wir können auch ohne äußeren Aufwand dem Orakel mit innerer Achtung und Respekt begegnen. Die innere Einstellung ist weitaus wichtiger als äußeres Brimborium, das nur allzu leicht vom Wesentlichen ablenkt. Für das Orakel zählt kein äußeres (Pflicht-)Bekenntnis, sondern der echte innere Beweggrund zur Befragung, die Bereitschaft, sich auf diese Welt universaler Weisheiten und Lebensmuster einzulassen und sich davon geistig berühren wie anregen zu lassen.

Dennoch sollten bei einer Orakelbefragung bestimmte Rahmenbedingungen in Bezug auf Ort, Umfeld, Stimmung und innere Vorbereitung gegeben sein. Sie sollten schon versuchen, sich an einen ruhigen, für Sie angenehmen und ungestörten Platz zurückzuziehen, um ein Orakel zu befragen. Dort, wo sich das Gefühl einstellt, dass Sie ganz für sich sind, „liegen" Sie sicher richtig. Das muss nicht unbedingt in der Wohnung sein. Es kann durchaus auch in der freien Natur sein. Und hier wird es je nach persönlicher Vorliebe eine stille Waldlichtung, eine Wiese, ein besonderer Baum oder Stein, vielleicht sogar ein alter heiliger Platz sein, wenn Sie das Glück haben, in dessen Nähe zu wohnen. Da man sich für Orakelbefragungen nicht immer nach draußen begeben kann, ist es schon angebracht, auch einen passenden Platz in den eigenen vier Wänden zu haben.

Es ist schön, wenn Sie sich vor einer Orakelbefragung gut einstimmen können. In jedem Fall ist eine wie auch immer geartete Verkrampfung zu vermeiden! Es wird allerdings nicht immer die Zeit zur Einstimmung gegeben sein, denn zuweilen überfällt einen der spontane Impuls, das Orakel zu befragen – das ist dann auch in Ordnung. Wenn aber Zeit zur inneren Vorbereitung zur Verfügung steht, lässt sich diese auf verschiedene Weise nutzen: Sie können bewusst die Stille wählen, um ruhig zu werden. Vielleicht möchten Sie auch lieber etwas Musik zur Entspannung hören. Manche Menschen brauchen erst Bewegung (z. B. durch Tanz), um sich innerlich frei zu machen. Eine Duftlampe kann die Atmosphäre verbessern, Kerzen können für stimmungsvolle Gemütlichkeit sorgen.

Wichtig ist, dass Sie entspannt und stressfrei an die Befragung herangehen. Wenn es sich jedoch nicht ganz vermeiden lässt, dann versuchen Sie unmittelbar vor der Befragung im Geist einen Schalter umzulegen, mit dem Sie den Stress zumindest symbolisch abschalten.

Vielleicht hilft Ihnen auch eine Musikbegleitung bei der Orakelbefragung. Musik kann gut den Geist öffnen und eine innere Bereitschaft herstellen, die dem Zugang zum Orakel sehr förderlich ist. Ich selbst mache manchmal ein bestimmtes Musikstück zum Bestandteil der Befragung. Die Karten sind vor mir auf dem Tisch ausgebreitet, ich schwinge zum Rhythmus der Musik mit und lasse meine Hände knapp über den Karten kreisen. Bei einem ganz bestimmten und markanten Takteinsatz lasse ich die Hände einfach auf die Karten fallen. Dann ziehe ich die Karten heraus, auf denen meine Zeigefingerspitzen ruhen. Diese Technik lässt sich auch sehr gut für eine I-Ging-Befragung anwenden: Zu einem markanten Takteinsatz lässt man die Münzen fallen.

Auf die von „Orakelschülern" häufig gestellte Frage, ob die Konzentration für eine Orakelbefragung von Bedeutung sei, muss ich antworten: ja und nein. Beim Mischen der Karten ist Konzentration durchaus sinnvoll, beim Ziehen der Karten hingegen ist es wichtiger, „sich die Hände führen zu lassen". Und dafür schaffen Sie die besten Voraussetzungen, indem Sie für Entspannung und innere Ruhe sorgen.

Die Beschäftigung mit Tarot und I Ging ist natürlich in erster Linie eine persönliche Sache, doch ist es zuweilen hilfreich, sich mit anderen auszutauschen, sich anregen zu lassen und aus deren Erfahrungen zu lernen sowie selbst Erfahrungen und Anregungen weiterzugeben. In einer Gruppensituation ergibt sich darüber hinaus auch der Vorteil, dass sich nicht nur nette Kontakte entwickeln, sondern dass sich auch durch gegenseitige Anteilnahme und Gedankenaustausch die Sicherheit im Umgang mit dem Orakel verstärkt.

Grundregeln

Es gibt einige grundlegende Regeln, die beachtet werden sollten, wenn man Orakelbefragungen macht:

▷ Es macht keinen Sinn, ein und dieselbe Frage zweimal nacheinander an das Orakel zu stellen oder überhaupt dieselbe Frage zweimal an das Orakel zu stellen. Wer damit etwas beweisen will, der vergisst einfach, dass mit der ersten Legung bereits eine innere Veränderung in der Person eingetreten ist: Die Voraussetzungen sind nicht mehr dieselben! Das muss beachtet werden.

▷ Nehmen Sie sich Zeit, die Antwort des Orakels auf sich wirken zu lassen. Auch wenn sie Ihnen zunächst nicht besonders zusagen oder behagen sollte, bedenken Sie, dass Sie jetzt in der Lage sind, etwas (an sich) zu verändern und so eine Wendung herbeizuführen. Sie haben jetzt Informationen, um entsprechend gegensteuern zu können, denn Sie wissen schon, worauf Sie besonders achten sollten. Und zumeist bestimmt die eigene innere Haltung und Einstellung, wie wir uns im Leben bewähren. Über das Orakel werden Sie auch wieder lernen, genauer hinzusehen und sich zu sensibilisieren.

▷ Wenn Sie sich in einer sehr depressiven Phase befinden, macht die Orakelbefragung nur Sinn, wenn Sie in der Lage sind, die Motive trotz Depression mit mentaler Klarheit zu entschlüsseln. In einer depressiven Phase ist es in der Regel besser, eine andere Person um eine Deutung zu bitten.

▷ Mit der Orakelbefragung können Sie nichts herbeizwingen, also zum Beispiel die Karten so oft auslegen, bis das Kartenbild Ihrer Meinung nach das zeigt, was Sie haben wollen. Das sollten Sie schon aus dem im ersten Punkt genannten Grund unterlassen. Außerdem quälen Sie damit nicht nur die Karten, sondern weitaus mehr sich selbst. Wenn Sie das nicht einsehen oder begreifen wollen, so ist dies eine Form der Missachtung von Orakeln und von Ihrer eigenen Seele und Sie sollten besser die Finger davon lassen. Lernen Sie zunächst einmal, Ihre eigene seelische, innere Befindlichkeit zu respektieren. Gewinnen Sie Abstand davon, nur oberflächlich-vordergründiges Wollen durchzusetzen.

▷ Es hat sich als sinnvoll erwiesen, Fragen zu unterschiedlichen Themen auch zu unterschiedlichen Zeiten an das Orakel zu stellen und nicht in einer Sitzung nacheinander zu behandeln. Es gibt da natürlich Ausnahmesituationen. Dies ist zum Beispiel der Fall, wenn jemand zu Ihnen kommt, weil er mehrere Fragen an das Orakel hat.

▷ Es ist eine Kunst, die richtige Frage zu stellen. Lesen Sie hierzu das Kapitel „Erst die richtige Frage führt zur richtigen Antwort" (Seite 13).

Das Orakeltagebuch

Wer sich ernsthaft mit einem Orakel beschäftigt, um damit Fragen für sich abzuklären, der sollte ein Orakeltagebuch führen. In dieses Tagebuch sollten Frage, Orakel-Antwort – bei Tarot das Legeverfahren und die gezogenen Karten, bei I Ging die Hexagramme – sowie Ihre Gedanken und Kommentare zur Deutung eingetragen werden. Das ist in mehrfacher Hinsicht sinnvoll: Erstens bewirkt die Schriftform eine höhere Konkretisierung bei der Fragestellung und zweitens bleiben die Schritte nachvollziehbar und man kann immer wieder darauf zurückgreifen. Außerdem können Sie sich besser mit dem jeweiligen Orakel vertraut machen, lernen Bilder, Motive und Deutung näher kennen, und zwar sowohl im Allgemeinen wie für Ihren persönlichen Zusammenhang.

Ein weiterer Effekt besteht darin, dass die in der Antwort enthaltenen Gedanken nochmals über einen anderen Weg aufgenommen werden, also eine erweiterte mentale Bearbeitung durchlaufen. Und schließlich entsteht fast ganz nebenbei Ihr persönliches Orakelbuch.

Außerdem können in dieses Tagebuch natürlich auch andere Dinge eingetragen werden. Gerade Träume bieten sich dazu an, da sie selten sofort aufgeschlüsselt werden können. Oft erschließt sich erst bei einer rückblickenden Gesamtschau der Sinn und es werden sich durchaus erhellende Zusammenhänge und Bezüge erkennen lassen. Das gilt auch für bestimmte Legungen, die Sie nach einer Weile noch einmal nachvollziehen und eventuell neu beurteilen können.

Tarot

Herkunft und Geschichte

Aus der Geschichte der Menschheit sind immer wieder Bilder überliefert, die uns an typische Gestalten und Stationen des Tarot erinnern. Zum Beispiel weisen die sogenannten Venus-Figuren aus der Steinzeit starke Ähnlichkeiten mit dem Bild der Herrscherin im Tarot auf, man denke etwa an die Venus von Willendorf (Österreich). Alle frühen Hochkulturen bedienten sich in Kultus und Mythos Bilder, die sich im Tarot ohne Schwierigkeiten wieder finden lassen.

Natürlich liegt die Vermutung nahe, den Ursprung des Tarot in Ägypten zu suchen, zumal hier erstmalig komplexe zusammenhängende Bildzyklen und Mythologien erhalten sind. Doch die Tatsache, dass wir es letztlich nicht genau wissen und dass sich für den Tarot kein konkreter Schöpfer ausfindig machen lässt, wird das Rätsel um den Tarot ständig lebendig halten, aber auch jeglicher Spekulation Tür und Tor öffnen.

Die bislang ältesten erhaltenen Tarotkarten als geschlossener Bilderzyklus, der Visconti Sforza Tarot, stammen aus der Gegend von Mailand und sind um das Jahr 1450 anzusiedeln. Es handelt sich dabei um großformatige Karten mit aufwendiger Blattvergoldung und handgemalten Bildern: ein echter Luxusartikel des begüterten Adels. Leider gibt es keine schriftliche Überlieferung, die etwas über den Gebrauch des Spieles aussagt.

Es gibt allerdings noch einen früheren Ansatz, der als mögliche Wurzel des Tarot angesehen werden kann. Raimundus Lullus (1235–1315), ein katalanischer Gelehrter, hat sich in seinen Hauptwerken *Ars magna, Ars memorativa* und *Ars memorandi* (Die Kunst der Erinnerung) ausführlich mit der Methode beschäftigt, ganze Geschichten in einem symbolischen Bild darzustellen. Damit sind seine Werke die erste nachweisliche Konzeption für zusammenhängende, sinnhafte Bilderzyklen, in deren Gefolge der Tarot sich hätte ausbilden können.

Um 1540 gab der venezianische Verleger Marcolino da Forli ein Buch heraus mit dem beziehungsreichen Titel: *Giardino di pensieri* (Der Garten der Gedanken). In diesem Buch, das in der Wissenschaft als „Kartenlosbuch" bezeichnet wird, sind 100 Holzschnitte enthalten, auch mit tarotähnlichen Motiven. Der Leser wird in eine Welt der Allegorien geführt. Die viel sagenden Bilder sollen Gedanken und Gespräche fördern. Man kann darin durchaus einen Ansatz für den Gebrauch des Kartenorakels sehen.

Mit der Erfindung der Drucktechnik um 1450 finden Tarotkarten jedenfalls eine größere Verbreitung. Es entstehen lokale Varianten mit typischen Merkmalen. Die Verschiedenartigkeit der Figuren ist entweder darauf zurückzuführen, dass der Sinn der Motive verloren ging, oder auf die jeweilige handwerklich-künstlerische Ausführung. Auch wird es erst bei den gedruckten Karten üblich, auf den Karten einen beschreibenden Titel und die Ziffer einzusetzen. Aus dieser Zeit ist uns der bis heute bekannte und beliebte Marseiller Tarot erhalten geblieben.

In Frankreich und Italien bleibt es bei einer recht kontinuierlichen Tradition der Tarotbilder in Bezug auf Abfolge und Motive. Etwa 300 Jahre fristet der Tarot ein Dasein mehr oder weniger als Gesellschaftsspiel.

Um 1770 sah der französische Gelehrte Court de Gebelin einen Zusammenhang zwischen den Bildern des Tarot und der gerade wieder entdeckten ägyptischen Mythologie. Dies war möglicherweise der entscheidende Impuls, die Tarotmotive jetzt auch unter dem okkulten Aspekt zu betrachten. (Okkult war im damaligen Sprachgebrauch ein übliches Wort für geheime Lehre und nicht, wie heutzutage oft, für schwarze Magie.)

Gebelins Ansatz ist von mehreren Autoren aufgegriffen worden. Bekannt ist unter anderem Eteilla, der zur selben Zeit wie Gebelin wirkte und die Tarotmotive nicht nur völlig umgeordnet, sondern teilweise gänzlich umgestaltet hat, um – nach seiner Aussage – den „ursprünglichen Zustand" wiederherzustellen.

Aus dem 19. Jahrhundert ist besonders Eliphas Lévi (1810–1875) hervorzuheben, der zahlreiche esoterische Werke veröffentlichte. Er versuchte als Erster einen Zusammenhang zwischen Tarot und Kabbala, der hebräischen Geheimwissenschaft, herzustellen. In seiner Folge und Tradition wurde dieser Ansatz weiterverbreitet etwa durch Papus (Gérard Encausse) und Oswald Wirth. Die Zuordnungen zum kabbalistischen System weichen jedoch bei den verschiedenen Autoren voneinander ab, wobei jeder von der Richtigkeit seiner Zuordnung überzeugt ist.

Um 1880 wurden in England Geheimgesellschaften aktiv, die – meist in freimaurerischer Tradition – eher die mythisch-kultischen Aspekte „zur Erlangung höheren Wissens" in den Vordergrund stellten. Am bekanntesten ist aus dieser Zeit der Golden-Dawn-Orden mit bekannten Mitgliedern wie W. B. Yeats, MacGregor Mathers, Arthur Edward Waite und Aleister Crowley. In diesen Kreisen fand der Tarot größere Beachtung und wurde in die rituelle Initiation der Geheimgesellschaften mit einbezogen. Heute beschäftigen sich viele Suchende, Wissenschaftler, Sammler und andere intensiv mit dem Tarot. Es erscheinen immer wieder neue Kartenspiele, wobei die graphischen Gestaltungen verstärkt den esoterischen Aspekt berücksichtigen. Zu den Klassikern gehören der Tarot von Arthur Edward Waite und Pamela Colman Smith (Rider-Waite-Tarot) und derjenige von Aleister Crowley und Lady Frieda Harris (Crowley-Tarot). Andere Ausgaben schlummern in kleinen Insiderkreisen vor sich hin, um vielleicht auch eines Tages entdeckt zu werden.

Auch die Literatur zum Tarot wächst an. Die Deutungen und Texte vieler alter Bücher passen nicht mehr in die moderne Zeit. Ein Einsteiger möchte natürlich möglichst „griffige" Texte zur Verfügung haben, die sich am aktuellen Leben orientieren. Das ist auch berechtigt, da es den Zugang zu den Karten erleichtert. Doch irgendwann genügen diese Texte nicht mehr, wenn man sich die Bilder des Tarot noch weiter erschließen will und tiefer in die Thematik eindringen möchte.

Dieses Buch will beiden Ansprüchen gerecht werden, nämlich einen methodischen Zugang zu den Tarotmotiven und -inhalten vermitteln und gleichzeitig Texte und Deutungsbeispiele liefern, die sich am Leben orientieren.

Aufbau und Gliederung des Tarot

Im Tarot steht die „geheime" Offenbarung jedem offen, der sich intensiv mit den Bildern und Motiven auseinander setzt, auch ohne dazu in mystische Verzückung oder dergleichen zu geraten. Dem Tarot liegt eine Idee zugrunde, die einen wesentlichen Schlüssel zur Welt und zum Weltverständnis darstellt. Das ist ein weiterer genialer Aspekt des Tarot: Für denjenigen, der bereit ist, dies zu erkennen, ist alles offen! Ansonsten sehen Sie es auch, ohne es jedoch als solches zu erkennen. Und das muss auch nicht sein, wenn Sie nicht danach suchen.

Tarot gliedert sich in zwei Teile: die 22 Trumpfkarten oder Großen Arkana und die 56 kleinen Karten oder Kleinen Arkana. Arcanum (Mehrzahl Arcana) ist lateinisch und heißt Geheimnis. Die 22 Großen Arkana zeigen symbolisch Lebensmuster und entsprechen in ihrer Abfolge von 0 bis XXI wiederum einem tieferen Muster. Sie repräsentieren Archetypen, also Urbilder der Menschheit, die in allen Kulturen in ähnlicher Weise zu finden sind. Die 56 Kleinen Arkana gliedern sich in vier Serien zu je 14

Karten. Davon sind 10 Karten die so genannten Zahlenkarten von As bis 10 und 4 Karten die so genannten Hofkarten mit König, Königin, Ritter und Page. Die vier Serien entsprechen den vier Elementen der Philosophie: Stab = Feuer, Münze = Erde, Schwert = Luft und Kelch = Wasser. Ab Seite 26 finden Sie die Großen Arkana und ab Seite 122 die Kleinen Arkana des Arcus Arcanum Tarot abgebildet sowie jeweils die Deutungen zu den einzelnen Karten.

Für den Zusammenhang zwischen Großen und Kleinen Arkana kann man sich ein Rad mit vier Speichen vorstellen: Reifen und Radnabe werden von den 22 Großen Arkana, die vier Speichen von den Kleinen Arkana repräsentiert. Werden nur die 22 Trumpfkarten benutzt, wird das Rad zur ursprünglichen Form des Rades, zum Scheibenrad oder zum Sonnenrad, das alles beinhaltet. Zieht man auch die kleinen Karten hinzu, dann stellen diese die Verbindung vom Inneren zum Äußeren dar, nämlich die Handlungsbereiche, über die die Verbindung zur Außenwelt stattfindet.

Die 22 Karten der Großen Arkana

Die Abfolge der Großen Arkana sieht folgendermaßen aus (in Klammern sind Abweichungen des Rider-Waite- und des Crowley-Tarots gegenüber dem in diesem Buch verwendeten Arcus Arcanum Tarot angegeben):

0   Der Narr
I   Der Magier
II   Die Hohepriesterin
III   Die Herrscherin (bei Crowley: die Kaiserin)
IV   Der Herrscher (bei Crowley: der Kaiser)
V   Der Hohepriester (bei Rider-Waite: der Hierophant)
VI   Die Liebenden
VII   Der Wagen
VIII   Die Gerechtigkeit (bei Crowley: Ausgleichung)
IX   Der Eremit
X   Das Rad (bei Rider-Waite: Rad des Schicksals, bei Crowley: Glück)
XI   Die Kraft (bei Crowley: Lust)
XII   Der Hängende (bei Rider-Waite und Crowley: der Gehängte)
XIII   Der Tod
XIV   Die Mäßigung (bei Rider-Waite: Mäßigkeit, bei Crowley: Kunst)

XV   Der Teufel
XVI   Der Turm
XVII   Der Stern
XVIII   Der Mond
XIX   Die Sonne
XX   Die Entscheidung (bei Rider-Waite: Gericht, bei Crowley: das Aeon)
XXI   Die Welt (bei Crowley: das Universum)

Maßgeblich ist die traditionelle Abfolge: Die Gerechtigkeit gehört zur Zahl VIII, die Kraft zur Zahl XI. Im Rider-Waite-Tarot hingegen ist die Kraft der Zahl VIII zugeordnet und die Gerechtigkeit der Zahl XI.

Es macht den besonderen Reiz und die Möglichkeiten der Großen Arkana aus, dass sie gewissermaßen ein Fundamentalwissen darstellen. Sie zeigen universale Grundmuster des Lebens. Sie sind ebenso Abbild innerer Zustände wie deren äußerer Entsprechung. Über die Bildersymbolik werden tiefere Schichten der Psyche angeregt. Die Bilder auf den Karten schlagen praktisch eine Brücke zwischen dem Unbewussten und dem Bewussten. Dadurch lassen sich unbewusste Inhalte mit dem Bewusstsein bearbeiten. Tarot ist damit ein Medium für eine Art innerer Kommunikation, denn er ermöglicht uns, in Dialog mit uns selbst zu treten. Wir können ergründen oder Zugang zu dem finden, was sich unserer direkten Wahrnehmung entzieht, das Unbekannte hinterfragen, das auf normalem Wege nicht zu entschlüsseln ist. Wenn man die Tarotkarten in dieser Weise benützt, dann sind sie wie ein persönlicher Ratgeber, der die schier unerschöpfliche Quelle des Unbewussten zugänglich macht und so zu einem besseren Verständnis über uns selbst und unsere Einbindung in das Leben führt. Tarot kann nicht auf eine äußere Situation einwirken, er kann uns aber helfen, besser damit zurechtzukommen und unseren Weg zu finden. Er kann unsere Augen und unser Bewusstsein dafür öffnen, was wir beispielsweise durch Befangenheit oder aufgrund von Schwierigkeiten schon nicht mehr als das wahrnehmen, was genau den Ausweg oder die Lösung darstellt. Im Unbewussten ist das Potential vergangener und künftiger Möglichkeiten vorhanden.

Die Informationen, die man auf diese Weise erhält, dienen als Orientierung, mit deren Hilfe man den geeigneten Weg finden kann, der mit der eigenen Person und der Umwelt im Einklang steht. Wir können den erhaltenen Rat als Empfehlung annehmen, ihn mit berücksichtigen oder auch ablehnen – diese Entscheidung liegt letztlich bei uns selbst.

Die Großen Arkana sind die höhere Ordnung und der Kern des Tarot. Sie ermöglichen eine wesentlich intensivere und komplexere Deutung als die Kleinen Arkana. Mit den Großen Arkana gelangt man viel effizienter und gezielter zum Kern der Dinge. Wenn man nur die 22 Großen Arkana benutzt, so ist dies keine Einschränkung, sondern eher eine konzentriertere und gezieltere Arbeitsweise.

Im Folgenden werden die 22 Karten der Großen Arkana des Arcus Arcanum Tarot vorgestellt. Was Sie hier lesen, soll Anregungen zur Deutung geben. Klammern Sie sich bitte nicht buchstabengetreu an das, was dort steht. Denn Worte sind schließlich auch Begriffe mit einem weiter gefassten Sinngehalt. Nutzen Sie den in den Bildern und Texten enthaltenen Spielraum, um die eigene Situation bzw. das eigene Lebensmuster wieder zu finden. Für die persönliche Deutung ist es maßgeblich, dass Sie den Zusammenhang erkennen. Das hört sich möglicherweise schwieriger an, als es ist, doch finden Sie im Kapitel „Tarot-Legeverfahren" (Seite 56) etliche Beispiele, die Möglichkeiten und Wege zur Deutung praktisch aufzeigen.

Außerdem werden Sie feststellen, dass Sie sehr bald die wichtigsten Stichworte in den Bildern wieder erkennen. Ein Bild sagt eben mehr als tausend Worte, und Begriffe kann man sich in Verbindung mit bestimmten Bildern leichter merken.

An dieser Stelle sei ein wichtiger Hinweis gegeben, der gar nicht oft genug wiederholt werden kann: *Keine Karte des Tarot stellt an sich etwas Gutes oder etwas Schlechtes dar!* Deshalb finden hier auch so genannte umgedreht liegende Karten keine Berücksichtigung. Die Karten für sich sind neutral. Sie beschreiben symbolisch einen bestimmten Themenkreis. In einem Tarotbild sind alle Erscheinungsformen eines Prinzips gebündelt. Wer das Prinzip kennt, kann die verschiedenen Erscheinungsformen daraus ableiten. Erst der Zusammenhang zwischen einem Bild und einer bestimmten Situation führt in der Deutung zu einer Gewichtung in Richtung förderlich oder hinderlich.

Jede Karte wird hier nach folgenden Gesichtspunkten beschrieben: Motivbeschreibung, traditionelle Deutung, praktische Deutung, Situationstendenz. Die Motivbeschreibungen sollen zu einem erweiterten inhaltlichen Verständnis der Ideen und Motive hinter den Bildern der Großen Arkana beitragen. Sie sind nicht als direkte Deutungskommentare aufzufassen, sondern beschreiben den Hintergrund, aus dem sich eine Deutung herleiten lässt. Die Deutungstexte sind knapp und konzentriert abgefasst, damit genug Spielraum erhalten bleibt, um sich mit Intuition und Überlegung selbst wieder zu finden. Eine weitere Differenzierung wäre eher verwirrend und würde dazu verleiten, sich das Beste, aber nicht unbedingt das Passende herauszupicken. Die Texte sind aber lang genug, um den Kern des Bildes zu erfassen und um etwas zum Verständnis einer Situation beizutragen.

0 Der Narr

MOTIVBESCHREIBUNG: Das unbefangene, unbelastete und unschuldige Menschenkind am Anfang neuer Möglichkeiten; der noch unbewusste und an sich glückliche Mensch.

Der Figur des Narren kam im Mittelalter eine besondere Rolle zu: Er stand außerhalb der Gesellschaft und hatte dadurch offenen Zugang zu allen Kreisen. Durch seine Sonderstellung war es ihm möglich, unverblümt zu sprechen, ohne dafür belangt zu werden: Er war eine „Un-Person", fast wie ein Hund oder ein Schoßtier, und als solches nicht ernst zu nehmen. Mit seiner fast kindhaft-unschuldigen, aber direkten Sichtweise der Dinge brachte er die Wahrheit auf den Punkt.

Im Tarot ist der Narr scheinbar sorglos in der Welt unterwegs. Er ist ja ungebunden und frei, offen und neugierig. Der Narr hat im engeren Sinn kein festes Ziel vor Augen, und so lange es gut geht, lässt er sich im Fluss des Lebens treiben. Dabei ist er innerlich getragen von einem ausgeprägten Urvertrauen und Optimismus. Er bringt viel Lebendigkeit in die Welt und erfreut sich am Dasein selbst. Bei aller Unbeschwertheit und Leichtigkeit verfügt er doch über ein instinktives Gespür für brenzlige Situationen und kann sich ihnen meist auch entziehen. Mit seiner entwaffnenden Offenheit und direkten Sichtweise der Dinge kann er schnell Situationen entkrampfen, und das ohne jemanden zu beleidigen oder zu verletzen, selbst wenn er einen wunden Punkt beim Gegenüber berührt.

Auf seine Art ist der Narr sogar ein Eingeweihter, ohne sich dessen allerdings bewusst zu sein. Erst wenn er beginnt, bewusster zu werden, muss er sich die Einweihung nochmals mühsam erarbeiten. Zusammenhänge, die für ihn bis dahin selbstverständlich gewesen sind, stellen sich nun viel komplexer dar. Er weiß jetzt, dass er Fehler machen kann, und hat seine Unbefangenheit zugunsten von Vorsicht und Achtsamkeit verloren.

Im Zyklus der 22 Großen Arkana steht das Bild für einen spontanen Neubeginn.

TRADITIONELLE DEUTUNG: Unbefangenheit, Spontanität; positive, idealistische Triebkraft; eine unkonventionelle, aber direkte und entwaffnende Offenheit; reine Unschuld, Aufrichtigkeit; Urvertrauen und Optimismus.

PRAKTISCHE DEUTUNG: Eine spontane Situation oder Begegnung eröffnet völlig neue Möglichkeiten. Bleiben Sie innerlich offen, aufrichtig und ungezwungen. Wenn Sie innerlich einen positiven Impuls verspüren, sollten Sie dem auch nachgehen. Und im Vertrauen darauf, dass Ihnen schon das Richtige einfällt, einfach selbst spontan das Heft in die Hand nehmen. Jetzt oder nie kann sich der Narr als Magier entpuppen, der eine Chance auch beim Schopf ergreift. Ansonsten bleibt kaum etwas anderes übrig, als offen zu bleiben für eine neue und ähnliche Situation. Die Karte zeigt, dass derzeit jegliche Planung in die Irre führt, weil sie nur den Blick für das, was einen am Wegesrand erwartet, verstellt – und das dürfte eine positive Überraschung sein. Wenn Sie sich jetzt schon darauf fixieren, wird Ihnen das Wichtigste aber entgehen. Vergessen Sie jegliche Erwartungshaltung und bleiben Sie offen für spontane Entwicklungen. Der Narr lässt die Dinge auf sich zukommen und begegnet ihnen mit offenem Herzen.

SITUATIONSTENDENZ: Eine überraschende Situation wird Ihnen etwas völlig Neues eröffnen, jedoch ist jegliche Erwartungshaltung fehl am Platz und verstellt nur den Blick.

I Der Magier

MOTIVBESCHREIBUNG: Der Meister der vier Elemente Feuer, Erde, Luft und Wasser (symbolisiert durch Stab, Münze, Schwert und Kelch), die bereits im Kleinen alle Möglichkeiten für das Große beinhalten; der bewusste Mensch.

Als mittelalterliche Figur stellt der Magier den besonders befähigten und begabten Menschen dar, der über Kenntnisse und Einweihung verfügt, die anderen nicht ohne weiteres zugänglich sind. So erschien er vielen als Zauberkünstler oder als besonders vom Glück Begünstigter, denn er konnte Dinge vollbringen, die anderen nicht möglich oder nicht nachvollziehbar waren.

27

Die typische Armhaltung der Figur – der rechte Arm ist himmelwärts gerichtet, der linke erdwärts – versinnbildlicht die Einheit von oben und unten in der Gestalt des Magiers. Er stellt das schöpferische Prinzip aus der Einheit dar, die bereits die Vielfalt in sich trägt und nur noch der gezielten Umsetzung bedarf, um etwas Neues daraus zu erschaffen. Oft jedoch gibt der Magier nur den schöpferischen Impuls, der von anderen dann aufgegriffen und vollends ausgestaltet wird. Die Interessen des Magiers sind vielfältig, so dass es ihm mitunter schwer fällt, sich auf eine Sache länger zu konzentrieren.

Mit den eigenen Begabungen und Fähigkeiten versteht es der Magier, die vier Elemente zweckorientiert zu nutzen. Er erkennt die verbindenden Prinzipien und kann daraus die jeweilige Form und Gestalt herausarbeiten. Dank seiner geistigen Flexibilität und Kreativität kann er mit wenig viel erreichen.

Es ist an sich das Bild des schöpferischen Menschen, der – mit seinen besonderen Gaben ausgestattet – bereit ist, seine Welt zu erkunden und seinen Fähigkeiten und Erkenntnissen gemäß zu gestalten. Im Idealfall handelt er stets im Einklang mit sich und der Schöpfung, da er das Prinzip der Einheit beachtet.

Im Zyklus der 22 Großen Arkana steht das Bild für den ersten bewussten Schritt, den bewusst gesetzten Anfang, der auf einen Weg führt, der noch alle Chancen beinhaltet oder neue eröffnet. Der Magier ist in der Lage, die passende Chance zu erkennen und für sich aufzugreifen. Seine größte Gabe heißt Intelligenz.

TRADITIONELLE DEUTUNG: Kreativität; die Fähigkeit, sich Ideen bewusst und willentlich nutzbar zu machen, um das Leben nach eigenen Vorstellungen zu gestalten; geistige Flexibilität und Originalität; Talente.

PRAKTISCHE DEUTUNG: Es bieten sich zwar ständig Gelegenheiten, aber nur eine davon können Sie wirklich aufgreifen, da sie alle Chancen für Ihre Zukunft in sich vereint. Jetzt kommt es darauf an, wie flexibel und geschickt Sie auf die Situation eingehen können, um daraus etwas zu machen. Es liegt in Ihrer Hand, Ihre Fähigkeiten und Begabungen für sich einzusetzen. Wenn Sie bewusst handeln und sich über Ihre eigene Verantwortung im Klaren sind, sollten Sie ihren Weg machen können und aus dem schöpfen, was wirklich in Ihnen steckt. Konzentrieren Sie sich auf eine Sache.

SITUATIONSTENDENZ: Aus einer Situation lässt sich mit eigenen Ideen und Initiative einiges machen, auch wenn man nicht aus dem Vollen schöpfen kann.

II Die Hohepriesterin

MOTIVBESCHREIBUNG: Tempel- und Orakelpriesterin des Altertums; im alten Germanien die Seherin, die ein hohes Ansehen genoss; die weibliche, intuitive Seite des Geistes.

Diese Frauen waren für das Übersinnliche zuständig, weil Frauen eher als Männer einen Zugang zur intuitiven Seite haben und damit für seherische Qualitäten weitaus empfänglicher sind. Diese Priesterinnen hatten meist noch Jungfrauen zu sein, die noch nicht durch männliche Berührung in den Genuss gemeinsamer Sinnesfreuden gekommen waren, denn dann wäre ein großer Teil der inneren Energie in einen anderen Kanal geraten und hätte das rituelle Eintreten in eine innere Versenkung erschwert.

Die innere Versenkung schafft eine Distanziertheit zum Alltagsbewusstsein und erlaubt einen Kontakt zur intuitiven, weiblichen Seite des Geistes. Entsprechend ermöglicht das Sinken in einen Schlaf das Hervortreten von Träumen und „Gesichten", die im normalen Wachzustand nicht wahrzunehmen sind.

Damit ist die Schau in tiefere Regionen des Geistes und der Seele möglich, ein Zugang in sonst verborgene Bereiche, in denen das innere Wissen, die Urbilder der Seele zu finden sind. Hier herrscht Zeitlosigkeit und das erlaubt eine Schau in Vergangenheit und Zukunft. Doch häufig kann das Zukünftige nicht immer sofort richtig eingeordnet werden, weil der eigentliche Zusammenhang noch nicht erkannt wird (dies geschieht häufig erst beim Eintreten der Situation). Das alles lässt die Eindrücke aus diesem Bereich immer wieder sehr rätselhaft erscheinen und sie bedürfen daher noch einer weiteren Klärung.

Im Zyklus der 22 Großen Arkana steht das Bild für den geistigen Aspekt des Weiblichen, wie er auch vom Element Wasser repräsentiert wird. Entsprechend steht das Bild für den Bereich des Unbewussten und der Seele, für die Gabe, verborgene Verbindungen zu erspüren und daraus Anhaltspunkte zu erschließen.

TRADITIONELLE DEUTUNG: Die Kräfte des Unbewussten, intuitives Wissen und (Vor-)Ahnungen; Geheimnis und Geheimnisvolles; Rätselhaftigkeit; das innere Wissen.

PRAKTISCHE DEUTUNG: Ahnungen oder Intuition bieten Hinweise, doch will sich manches noch nicht gänzlich enthüllen lassen. Es sind dennoch Orientierungshilfen, die zwar keinen Überblick über die gesamte Situation erlauben, jedoch hilfreich genug sind, um einen nächsten Schritt zu tun oder sich für etwas zu sensibilisieren. Erst nach und nach werden sich die Bildausschnitte zu einem ganzen Bild zusammenfügen. Das trägt alles zur (inneren) Vorbereitung bei.

Lernen Sie, Ihrer Intuition zu trauen bzw. damit umzugehen. Allerdings ist Intuition nicht etwa nur „so ein vages oder mulmiges Gefühl", sondern es wird wesentlich intensiver und deutlicher verspürt: Man empfindet innerlich eine deutliche Klarheit, man weiß etwas tief innen genau, ohne es direkt begründen zu können.

SITUATIONSTENDENZ: Es gibt noch keine definitive Klarheit in der Situation, doch immerhin zeichnet sich eine Richtung ab.

III Die Herrscherin

MOTIVBESCHREIBUNG: Die große Mutter, Mutter Erde, Mutter Natur, die Spenderin des Lebens, die Ernährerin; Fruchtbarkeit und Fülle.

Die Herrscherin stellt das versorgende Prinzip dar, ebenso wie die Natur uns versorgt und unsere Lebensgrundlage bildet, indem sie uns einen Lebensraum zur Verfügung stellt und Nahrung hervorbringt. Die Natur erzeugt in Überfluss und Fülle und lässt immer etwas Neues nachwachsen. Doch kann die Natur nur aus dem schöpfen, was auch vorhanden ist, wenn dies auch zuweilen schier grenzenlos erscheint, weil die Natur über beachtliche Regenerationskräfte verfügt. Doch die Reserven sind nicht unbegrenzt.

Außerdem bezieht sich das Bild auf Verwurzelung und Heimat, auch auf die geistige Heimat — wo man sich beheimatet, geschützt und sicher fühlt. Darüber hinaus steht es für die Gestalt gebenden Kräfte der Frau, die Kinder in sich wachsen lassen kann und mit jedem Mal ein kleines Wunder des Lebens vollbringt. Damit weist die Karte auch auf die fürsorgliche Wärme und Geborgenheit der Mutter für das Kind, das Geben und Annehmen dieser lebenswichtigen Qualitäten. Dies ist an sich ein (fast) unerschöpflicher Vorrat, mit dem aber die Menschen allzu oft geizen. Allerdings ist auch zu viel des Guten wenig nützlich, weil es dadurch nicht mehr angemessen beachtet wird oder sogar das Gegenteil bewirkt: Eine Mutter kann ihre Kinder auch erdrücken mit einem fast zwanghaften Bedürfnis, sie zu beschützen.

Das Bild der Herrscherin steht auch für die Gemeinschaft der Familie als Wurzel und kleinste Grundeinheit des menschlichen Zusammenlebens, die einen essentiellen Rückhalt im Leben bietet.

Im Zyklus der 22 Großen Arkana steht das Bild für den irdischen Aspekt des Weiblichen, wie er auch vom Element Erde repräsentiert wird; das Prinzip der Mutter in allen Facetten; das Versorgungsprinzip aus der Erde.

TRADITIONELLE DEUTUNG: Fruchtbarkeit, Fülle, Sicherheit, Geborgenheit, Mütterlichkeit, Wärme und Mitgefühl; Überfluss, Großzügigkeit, Reichhaltigkeit; Verwurzelung und Beheimatung.

PRAKTISCHE DEUTUNG: Wenn die Voraussetzungen gestimmt haben, dürfen Sie mit Erfolg oder Erträgen aus vergangenen Anstrengungen rechnen, oder es sind noch Ressourcen vorhanden, auf die bisher nicht zurückgegriffen worden ist und die durchaus eingesetzt werden sollten. Lassen Sie sich ruhig einmal zur rechten Zeit weiterhelfen. Der familiäre Hintergrund bietet Rückhalt und Unterstützung. Das muss nicht immer in Form materieller Zuwendungen geschehen – oft ist schon das Gefühl von Rückendeckung und Schutz durch die Nächsten hilfreich, weil sie eine Rückversicherung für die eigenen Unternehmungen darstellen.

SITUATIONSTENDENZ: Aus dem näheren Umfeld ist mit Unterstützung und Förderung zu rechnen. Aus den (eigenen) Wurzeln entsteht reiches Wachstum.

IV Der Herrscher

MOTIVBESCHREIBUNG: Der Vater, der Fürst, der weltliche Herrscher als vorbildliche Persönlichkeit.

Das Bild stellt einen Repräsentanten der weltlichen Ordnung dar, der als Souverän ein Garant für deren Fortbestand und Stabilität ist. Obwohl er sich in Distanz zum Volk befindet, betrachtet sich ein weiser und gerechter Herrscher als Teil des Volkes und ist auch für das Volk zugänglich. Weil er selbst in Pflicht und Verantwortung für das ganze Volk steht, muss er auch langfristige Entwicklungen berücksichtigen: „Ein König muss an morgen denken." Es verlangt von ihm oft Selbstbeherrschung, gerechte und vorausblickende Entscheidungen zu treffen.

Oft wird diese Figur mit König Artus verglichen, der als Idealfigur eines Herrschers angesehen wird. Doch wenn man die Geschichten um König Artus etwas genauer liest, tritt ein Herrscher zutage, der genauso menschliche Schwächen und Fehler aufweist wie Sie und ich.

Ein Herrscher stellt im Idealfall immer ein Vorbild dar. Seine Autorität entspringt aus der Achtung und dem Respekt vor seiner Person und nicht aus selbstherrlichem Schalten und Walten, wie es bei absolutistischen Monarchen oder Tyrannen zu finden ist, die zum Machterhalt Repressalien einsetzen müssen, um sich Untertanen gefügig zu halten.

Ein guter Vater ist für seine Kinder eher ein väterlicher Freund, der durch seinen Vorsprung an Erfahrung und seine natürliche Autorität eine verlässliche und vorbildhafte Vertrauensperson darstellt.

Im Zyklus der 22 Großen Arkana steht das Bild für den weltlichen Aspekt des Männlichen, wie er auch vom Element Feuer repräsentiert wird.

TRADITIONELLE DEUTUNG: Wille, Autorität, Souveränität, Durchsetzungskraft, Sicherheit, Stabilität, Kontinuität, feste Ordnung, Selbstbeherrschung, Disziplin, Erfahrung, Väterlichkeit.

PRAKTISCHE DEUTUNG: Zur Sicherung längerfristiger und überschaubarer Zustände sollte eine gewisse Ordnung herrschen. Dafür muss gesorgt werden, indem mit persönlicher Autorität vorgegangen wird. Zuweilen sind dabei auch „unpopuläre Maßnahmen" durchzusetzen: Man muss sich selbst in die Pflicht nehmen und sogar persönliche Wünsche zurückstellen sowie rechtzeitig delegieren können. Bringen Sie zuerst Ihre eigenen Belange in Ordnung, bevor Sie sich um etwas anderes kümmern. Setzen Sie klare Prioritäten und Vorgaben für Ihre Vorhaben. Vertrauen Sie Ihrer Lebenserfahrung und greifen Sie darauf zurück.

SITUATIONSTENDENZ: Eine Situation wird durch persönliche Autorität beherrscht oder ist damit wieder in den Griff zu bekommen.

V Der Hohepriester

MOTIVBESCHREIBUNG: Der geistige Vorsteher und Mittler zwischen den höheren Mächten und den Menschen; eine moralische Instanz.

Der Hohepriester war im Altertum ein hoher Amtsträger, dem es oblag, die Einhaltung der Riten zu überwachen, die Tradition zu wahren und als

V· Der HOHEPRIESTER

Lehrer Wissen an die nachfolgende Generation weiterzugeben. Die keltischen Druiden etwa waren als besonderer Stand heiliger Männer für das Seelenheil, die religiösen Riten, den Jahreslauf, die Geheimnisse der Natur, die geistige Lehre und die Rechtsprechung zuständig.

In alten Zeiten oblag die Rechtsprechung tatsächlich mehr der Priesterschaft als der weltlichen Herrschaft. Weil die Priester nicht in die eigentlichen weltlichen Prozesse eingebunden waren und wegen der Heiligkeit des Amtes waren sie für eine mehr oder weniger unparteiische Rechtsprechung prädestiniert.

Der Hohepriester war das Bindeglied zwischen den Menschen und den höheren Mächten. Ihm war ein Wissen zugänglich, zu dem einfache Menschen keinen oder nur bedingten Zugang hatten. Zugleich war er auch ansprechbar für die Sorgen und Nöte der Menschen, die er im Rahmen und unter Einhaltung religiöser Vorschriften mit Güte und Milde oder Strenge und Tadel zu behandeln hatte.

Der Hohepriester ist immer der Vertreter einer Lehre und steht damit im Gegensatz zu einem Schamanen, der zwar in ganz ähnlichen Bereichen für den Menschen tätig ist, doch nicht an ein starres Dogma gebunden ist: Ein Schamane ist im Tarot eher durch die Verbindung der Karten I, der Magier (Begabung und Fähigkeit), und IX, der Eremit (Erfahrung und Absonderung von der Gemeinschaft), charakterisiert.

Im Zyklus der 22 Großen Arkana steht der Herrscher für den geistigen Aspekt des Männlichen, wie er durch das Element Luft repräsentiert wird. Er stellt Wissen und Weisheit als Richtwerte für das Leben dar.

TRADITIONELLE DEUTUNG: Geistige Autorität, Güte, Milde, Wissen, Tradition, Bildung, Inspiration, Vernunft, Rat, geistige Hilfe, Unterstützung, wohlwollende Partnerschaft, Nachsicht.

PRAKTISCHE DEUTUNG: Für aktuelle Belange lassen sich auch aus traditionellen, überlieferten Kenntnissen oder Lehren Ratschläge ziehen, die zwar oft zunächst wenig praktikabel erscheinen, sich jedoch später als hilfreich herausstellen werden. Nehmen Sie einen gut gemeinten Ratschlag an, selbst wenn er Ihnen zunächst etwas abgehoben oder fremdartig erscheint. Beachten Sie den Rahmen von Konventionen und Gepflogenheiten in der anstehenden Frage; nur innerhalb dieser Grenzen erzielen Sie Fortschritte.

Mit Güte, Milde und Nachsicht schafft man Vertrauen. Verständnisbereitschaft trägt zu einer von mehr Tiefe und gegenseitigem Respekt geprägten Partnerschaft und Verbundenheit bei.

SITUATIONSTENDENZ: Tradition und Konvention bilden den Rahmen und die Grenzen für die Situation.

VI Die Liebenden

MOTIVBESCHREIBUNG: Die Wahl der Liebenden, die Situation am Scheideweg.

Wenn Liebende einen gemeinsamen Weg wählen, wissen sie noch nicht, wohin sie dieser Weg letztlich führen wird. Sie können sich nur darauf verlassen, in der Situation das Richtige gewählt und den richtigen Weg eingeschlagen zu haben. Liebende sind (hoffentlich) der tiefen inneren Stimme ihres Herzens gefolgt, wenn sie einander erwählt haben. Spätestens mit der Wahl eines eigenen Partners unternimmt der Mensch einen ersten realen Schritt, um sich vom unmittelbaren Einflussbereich seiner Familie zu lösen und einen eigenen Weg zu beschreiten.

Das Charakteristische an der Wahlsituation ist, dass man zwischen verschiedenen Wegen wählen kann, jedoch nicht weiß, wohin die Wege letztlich führen. Auf dem Bild sieht man eine Wegkreuzung mit einem Lebensbaum. Was die beiden Wege beinhalten, lässt sich an diesem Punkt nicht eindeutig sagen, da es noch keine konkreten Anhaltspunkte gibt. Einzig die tiefe, innere Stimme des Herzen vermag den Ausschlag für die Wahl zu geben. Das findet am besten seinen Ausdruck in der Frage: „Welcher Weg entspricht meinem Herzen?" Nur die Wahl meines Herzens führt mich über die Lichtseite des Lebens, die andere Wahl über eine Schattenseite oder bestenfalls über einen Umweg.

Letztlich weist das Bild auch auf das Schaffen neuer Verbindungen und auf Impulse für neue Kontakte hin, die durch gegenseitige Anziehung bestimmt sind.

Im Zyklus der 22 Großen Arkana steht das Bild für die Wahl eines eigenen Weges, die Wahl zwischen zwei Möglichkeiten, die nicht an sich Gut und Böse darstellen, sondern eher einen förderlichen oder beschwerlichen Weg beinhalten.

TRADITIONELLE DEUTUNG: Wahl zwischen zwei Möglichkeiten; die Situation am Scheideweg; Vereinigung; Neigung zu Schönheit; Weg in eine gefühlsbetonte Verbindung.

PRAKTISCHE DEUTUNG: Wenn zwischen zwei Anziehungskräften die Wahl zu treffen ist, erweisen sich sowohl Verstand wie Vernunft als untauglich, weil man nicht weiß, wohin die Wahl letztlich führen wird. Einzig die innere Stimme des Herzens kann helfen. Im Falle einer Partnerschaft führt die gegenseitige Anziehung zur Vereinigung auf einem gemeinsamen Weg. Wenn Sie die Wahl getroffen haben, müssen Sie sich darüber bewusst sein, dass darin keine Sicherheit für den Verlauf des Weges besteht. Wenn Sie für sich richtig gewählt haben, wird der Weg Freude und Erfüllung bereithalten, andernfalls ist es ein Umweg, der dennoch irgendwann auf den richtigen Weg führen kann.

SITUATIONSTENDENZ: Die Wahl eines eigenen Weges kann nur dem inneren Wesen entsprechen.

VII Der Wagen

MOTIVBESCHREIBUNG: Der Wagen des Triumphs mit dem strahlenden Held, dem Eroberer, dem Sieger.

Der Wagen drückt immer Bewegung nach vorn, Schwung und Dynamik aus. Er ist der Ausdruck für einen Motor in der schöpferischen Entwicklung und dem Vorwärtsstreben des Menschen. Das Erringen eines Sieges und Erfolges war im Altertum gekrönt durch einen prunkvollen Triumphzug, wie er in unserer Zeit noch den Astronauten, die als die ersten Menschen den Mond betreten hatten, in den Straßen von New York zuteil wurde. Der Held wurde dadurch geehrt und gefeiert. Der Prunkwagen war Ausdrucksmittel für seine herausragende Position. Auch heute noch ist der Wagen – das Auto – ein Statussymbol und ein Zeichen von „understatement", egal ob es sich um einen Jaguar, eine Ente oder einen Oldtimer handelt.

Doch vor dem Triumph steht immer der Schweiß für eine außergewöhnliche Leistung oder Pioniertat. Um mit dem zielgerichteten Leistungswillen etwas zu erringen, werden die eigenen Interessen durchgesetzt, auch ohne nach links und rechts zu schauen. Da wird mitunter nicht mehr so genau darauf geachtet, ob die Mittel auch für den Zweck angemessen sind. Leicht entwickelt sich eine schwer kontrollierbare Eigendynamik.

Im Zyklus der 22 Großen Arkana steht das Bild für das Beschreiten des eigenen Weges, um sich selbst einen Platz im Leben zu erarbeiten, zu erringen, sich selbst ein eigenes Leben aufzubauen, und zwar dadurch, dass es aus eigener Kraft geschaffen wird.

TRADITIONELLE DEUTUNG: Triumph, Sieg, Dynamik, kraftvolle und ungebremste Entwicklung, Selbstbehauptung, Eroberung, Erfolg, persönliche Unabhängigkeit, Eigenständigkeit, Profilierung und Herausbildung der Persönlichkeit.

PRAKTISCHE DEUTUNG: Wenn Sie partout etwas durchsetzen, ja erzwingen wollen, dann schauen Sie weder nach rechts noch nach links. Mit ungebremstem Elan wollen Sie etwas erreichen, eine eigene Leistung vollbringen, die Ihnen Verdienste, Anerkennung und Ehrung verschafft, Sie wollen sich eventuell sogar einen anderen Platz im Leben erringen. Dabei könnte sich eine Dynamik entwickeln, die laufend weiteren persönlichen Einsatz erfordert: Der Erfolg wird zum Erfolgszwang.

Im Leben muss man zuweilen ein Wagnis eingehen, um etwas zu erreichen. Solange Sie auf Rückhalt bzw. Rückendeckung zählen dürfen und das Risiko kalkulierbar halten, werden Sie gut vorankommen. In jedem Fall werden Sie etwas erreichen für die Herausbildung Ihrer Persönlichkeit, auch indem Sie durch Erfahrung reifen.

SITUATIONSTENDENZ: Dynamisches Vorwärtsstreben, um etwas für sich zu erreichen und durchzusetzen.

VIII Die Gerechtigkeit

VIII · Die GERECHTIGKEIT

MOTIVBESCHREIBUNG: Die weltliche Gerechtigkeit, Balance und Fairness (im Gegensatz zu XIV, die Mäßigung, als natürlichem oder kosmischem Ausgleich).

Die Gestalt der Gerechtigkeit scheint zunächst recht eindeutig zu sein. Die typischen Attribute sind eine Waage und ein Schwert. Die Symbolik des Schwertes ist mehrdeutig: Es weist auf den Streit hin, den Interessenkonflikt, der überhaupt erst diese Figur notwendig macht, um den Streit zu beenden und ein Urteil zu fällen. Als altes Richtinstrument stellt es eine mögliche Zurechtweisung bzw. Strafe in Aussicht. Da es ein heiliger Gegenstand ist, ist ein Schwur auf das Schwert bindend. Schließlich stellt es auch Verstand und Sprache dar, mit denen das Recht zu erstreiten ist bzw. mit denen um das Recht gestritten wird. Die Waage erklärt sich eigentlich selbst – sie dient zum Abwägen. Doch ist Ihnen schon einmal aufgefallen, dass diese Figur stets mit einer leeren Waage wiegt, dass also keine Gewichte vorhanden sind? Der Maßstab, mit dem die Gerechtigkeit misst, bleibt also offen und muss von Fall zu Fall individuell angelegt werden.

In der allgemeinen Tradition zur Darstellung dieser Figur trägt die Gerechtigkeit oft auch eine Binde vor den Augen. Für manche Deuter ist das ein Ausdruck dafür, dass die Gerechtigkeit unparteiisch urteilen soll, also ohne Rücksicht auf Stand und Ansehen der Person. Man kann daraus aber auch schließen, dass die Gerechtigkeit oft mit Blindheit geschlagen ist, weil sie nun nicht mehr genau hinsehen kann. Wie soll sie noch das Zünglein an der Waage erkennen, wenn sie blind ist? Das sollte zu denken geben!

Doch das wesentliche Motiv des Bildes besteht darin, dass es sich um den Interessenausgleich innerhalb einer Gemeinschaft handelt. Das Bild weist auf eine gemeinsame wie gegenseitige Verantwortung innerhalb einer Gemeinschaft, auf die Regeln, die vereinbart und für alle gleichermaßen gültig sind. Indirekt verweist die Karte auch auf das, was man ein „soziales Gewissen" nennt.

Im Zyklus der 22 Großen Arkana steht das Bild für die Regeln und den Rahmen, den die Gemeinschaft für die Entfaltung des Individuums setzt. Das beinhaltet auch den Dienst für die Gemeinschaft.

TRADITIONELLE DEUTUNG: Recht, Rechtsprechung, Gerechtigkeit, Fairness, die allgemeinen Wertnormen, Gleichgewicht, Verantwortlichkeit, Abwägung, Regelung des Zusammenlebens, Balance, Beurteilung, (soziales) Gewissen.

PRAKTISCHE DEUTUNG: Sofern es um die Abwicklung von Rechts-, Verwaltungs- oder Finanzangelegenheiten geht, müssen die gültigen Regeln eingehalten, respektiert und berücksichtigt werden. Verhältnismäßigkeit und Maßstäbe sind zu prüfen. Bei Streitigkeiten sollte das Gebot der Fairness beachtet und mitunter ein (Interessen-)Ausgleich herbeigeführt werden. Klären Sie die Zuständigkeiten und Verantwortlichkeiten, bevor Sie konkret etwas unternehmen.

Eine Gemeinschaft bedingt eine gemeinsame Verantwortung, darin liegt der Maßstab für die Freiheiten des Einzelnen. Die Rechte, die Sie selbst für sich in Anspruch nehmen, müssen Sie auch anderen zugestehen. Mitunter müssen jedoch die Regeln in der Gemeinschaft neu abgestimmt werden, um sie an grundlegend veränderte Situationen anzupassen.

SITUATIONSTENDENZ: Die Regeln oder Vereinbarungen innerhalb einer Gemeinschaft oder zwischen Partnern bestimmen die Situation.

IX Der Eremit

IX·Der EREMIT

MOTIVBESCHREIBUNG: Der alte, weise Ratgeber, der Philosoph, der Suchende, der außen stehende und nicht befangene Mensch.

Die Gestalt des Einsiedlers ist ähnlich wie der Narr eine Person, die außerhalb der Gesellschaft steht. Er hat sich jedoch bewusst von der Gesellschaft zurückzogen, um in der naturbezogenen Abgeschiedenheit zu leben.

Vieles an seiner Figur erinnert an die Philosophen Griechenlands, die ebenso durch die Erfahrenheit des Alters (dargestellt durch den langen weißen Bart) wie durch den typischen Philosophenstab gekennzeichnet waren. Traditionell gehört zum Bild des Eremiten eine kleine Laterne in der Hand. Dieses Licht beleuchtet seinen Weg und weist anderen den Weg zu ihm. Er ist selbst ein Suchender, der bereits über einige Weisheit verfügt, doch eine Suche im Grenzenlosen findet nie ein Ende – es gibt nur Zwischenschritte, die wieder neue Räume eröffnen.

Seine Betrachtung der Welt aus der Distanz zu den weltlichen Verpflichtungen führt ihn zu einer neutralen und unvoreingenommenen Sichtweise. Er stellt einen guten Ratgeber dar, der nicht mehr an ein festes Dogma gebunden ist, sondern mit seinem Wissen, der Erfahrung und vor allem der Weisheit des Alters einen integren Rat geben, einen für die Person angemessenen Weg weisen kann. Er kann einen Weg weisen, ohne selbst in diese Richtung zu gehen. Nur ein erfahrener, unbeteiligter Außenstehender kann Rat in Situationen geben, in denen ein Beteiligter zu befangen ist.

Als Einsiedler repräsentiert der Eremit die Zurückgezogenheit vom weltlichen Trubel, Rückkehr in die Stille und Einfachheit. Auch die Zeit hat für den Eremiten ihre Bedeutung verloren, deshalb repräsentiert er selbst die Zeit, was in einigen Tarotausgaben zusätzlich durch ein abgebildetes Stundenglas ausgedrückt wird.

Im Zyklus der 22 Großen Arkana steht das Bild für die Zurückgezogenheit, den Denker und nach Weisheit Suchenden. Es steht aber auch für die Zeit im Sinne von Zeitlosigkeit – die Zeit spielt keine Rolle.

TRADITIONELLE DEUTUNG: Zurückgezogenheit, Einsamkeit, Abgeschiedenheit, Distanz zu weltlichen Bedürfnissen, Weisheit, Schlichtheit, der Suchende, die Suche nach der Essenz des Lebens, Zeit.

PRAKTISCHE DEUTUNG: Wenn Sie die derzeitige Phase als sich zäh dahinschleppende Zeit empfinden, womöglich weil Sie auf etwas warten, dann ist genau die Wartehaltung falsch. Kümmern Sie sich entweder um Ihr Innenleben oder widmen Sie sich nahe liegenden kleineren Tätigkeiten, die Sie eigentlich schon längst hätten erledigen wollen.

Wenn sich anstehende Fragen oder Probleme nicht sofort oder endgültig klären lassen, sollten Sie den Rat einer integren, unbeteiligten und uneigennützigen Person hinzuziehen. Ansonsten wäre es sinnvoll, wenn Sie sich selbst vom Trubel zurückziehen, um in Ruhe und Abgeschiedenheit nach neuen Erkenntnissen zu suchen. Seien Sie auch selbst zugänglich für andere, die Sie um Rat fragen.

SITUATIONSTENDENZ: In Ruhe und Abgeschiedenheit wird Zeit bedeutungslos. Mit Distanz zur Hast und Hektik des Alltags können sich Lösungen entwickeln.

X Das Rad

MOTIVBESCHREIBUNG: Das Rad des Schicksals, des Glücks, des Lebens, des Auf- und Abstiegs.

Das sich drehende Rad ist ein Bild für die Flüchtigkeit eines jeden Augenblicks, der damit wieder einzigartig ist und nicht zurückgeholt werden kann. Was jetzt ist, ist in diesem Augenblick schon wieder Vergangenheit, die sich nicht mehr unter denselben Bedingungen und Voraussetzungen wiederholen lässt.

Mit *kairos* bezeichneten die Griechen die Gunst der Stunde, in der sich vieles zusammenfügt und ein beschleunigtes Vorwärtskommen ermöglicht, weil sich eben Situation, Umstände, Zeit und Ort richtig und passend für die Person in einem

Augenblick treffen. Dies kann so einschneidend sein, dass es zu einer Wende im Leben führt.

Allerdings sollte nicht verkannt werden, dass im drehenden Rad die größten Kräfte am äußeren Rand wirken, während im Zentrum ein absoluter Pol der Ruhe ist. Übertragen auf die menschliche Situation bedeutet dies: Wenn ich in mir selbst, in meinem inneren Zentrum ruhe, habe ich größere Kontrolle über das Rad, als wenn ich am äußeren Rand den nach außen strebenden Kräften ausgesetzt bin. Oder: Wenn einen der Trubel zu überrollen droht, wende man sich vertrauensvoll an den Eremiten.

Eine Chance ist nur dann eine echte Chance, wenn ich sie auch mit meinen Begabungen und Fähigkeiten wirklich ausfüllen und nützen kann. Alles andere sind Scheinchancen, die kaum nützen, weil ich den Anforderungen nicht gerecht werden kann und dann mehr oder weniger aus dem Rad herauskatapultiert werde.

Im Zyklus der 22 Großen Arkana steht das Bild für die Chance zum Wechsel in eine andere Ebene, in einen anderen Bereich durch die Gunst der Stunde. Erkenne die echte Chance für dich! Mit allem anderen verschwendest du nur unnötig Zeit und Energie.

TRADITIONELLE DEUTUNG: Das Rad des Lebens, des Glücks, des Schicksals; Chance, Gunst der Stunde und des Augenblicks (was die Griechen *kairos* nannten); das Glück (was die Römer *fortuna* nannten); Wechsel der Lebensumstände; die Flüchtigkeit und Einzigartigkeit eines jeden Augenblicks im Leben.

PRAKTISCHE DEUTUNG: Eine Chance wird ausgelöst durch ein Zusammentreffen von Ereignissen, Umständen und Begegnungen. Das bietet den Ansatz für eine glückliche Veränderung der Lebensumstände oder bringt eine unvorhergesehene Wendung im Leben.

Allerdings kann das Bild auch auf eine Lehre im Leben hinweisen. Wenn man eine Lektion nicht gelernt oder begriffen hat, heißt es: Bitte noch einmal von vorne. Wer sich zu sehr von der eigenen Mitte wegbewegt und schließlich am Rand des Rades hängt, kann eben auch aus dem Kreis herausgeschleudert werden. Deshalb sind echte Chancen im Leben nur solche, die man auch der Person entsprechend wirklich ausfüllen kann. Alles andere sind Scheinchancen, bei denen nur Lehrgeld zu entrichten ist, das andere kassieren. Übrigens: Finger weg von Glücksspielen wie „einarmige Banditen" und dergleichen.

SITUATIONSTENDENZ: Eine schicksalhafte Situation oder Begegnung bringt das Lebensrad wieder in Schwung.

XI Die Kraft

MOTIVBESCHREIBUNG: Das Sanfte überwindet das Wilde; die sanfte Durchdringung mit der Überlegenheit des Geistes.

In manchen Tarotausgaben ist bei diesem Motiv Herkules bei der Überwindung des Löwen dargestellt, doch wird das Thema trefflicher mit der Bändigung des Löwen durch eine weibliche Gestalt illustriert. Weitaus nachhaltiger wirkt die sanfte Kraft im Vergleich zur rohen, manchmal destruktiven Gewalt, während die sanfte Kraft zur Wandlung führt, so dass die rohen Kräfte sogar dienstbar gemacht werden können.

Das Bild stellt die Überlegenheit der geistigen Kräfte über die physischen Kräfte dar. Einfacher ausgedrückt: Selbst wenn ich beim Gegenüber den Schwachpunkt (noch) nicht kenne, kann ich durch selbstbewusstes, couragiertes Auftreten einen ersten Punkt gewinnen. Oder ich setze meine Intelligenz und Überzeugungskraft ein, um damit mein Gegenüber für mich zu gewinnen.

Der Tropfen höhlt den Stein nicht mit Gewalt, sondern durch stetes Fallen. Veränderung kann nur entstehen, wenn der Tropfen auf den Stein fällt. Ins Wasser gefallen, vermischt er sich nur mit Wasser. Es geht also darum, das Wechselspiel und die Anziehung polarer Kräfte zu beachten. Es nützt wenig, Wildem mit Wildem zu begegnen. Doch um dem Wilden mit Wasser zu begegnen, muss man schon einigen Mut und Standhaftigkeit mitbringen. Ein Löwe ist eben nicht von jetzt auf sofort gezähmt: Das ist ein Prozess, der sich über eine gewisse Zeit hinzieht und erst nach und nach zu einem Ergebnis führt. Man muss erst ein gewisses Vertrauen herstellen, um zu verdeutlichen, dass daran nichts Schlechtes ist, sondern dass es im Gegenteil für beide Seiten eher einen Gewinn bringt.

Im Zyklus der 22 Großen Arkana steht das Bild für das elegante Wechselspiel polarer Kräfte, die für ein gemeinsames Ziel eine Verbindung eingehen können. Es steht dafür, die Kraft der Überzeugung mit Geduld und Beharrlichkeit zu vermitteln.

TRADITIONELLE DEUTUNG: Selbstbewusstsein, Selbstvertrauen, Courage, Furchtlosigkeit, Mut, Standhaftigkeit, Geduld, Entschlusskraft, Durchsetzungs- und Einfühlungsvermögen, Überzeugungskraft.

PRAKTISCHE DEUTUNG: Wenn es auch nicht so rasant vorangeht, wie Sie es vielleicht gern hätten, sollten Sie nicht verzagen: Erst Beharrlichkeit und Geduld verhelfen zum Erfolg und führen zu Ergebnissen. Es dauert noch ein wenig.

Mit selbstbewusstem Auftreten und entschlossenem Einsatz der Überzeugungskraft werden Fortschritte erzielt. Indem Sie andere für sich gewinnen und für Ihre Ziele und Interessen „einspannen", werden Sie wirklich vorankommen. Werben Sie für sich mit überzeugenden Argumenten, aber auch mit Einfühlung in die Situation sowie in Ihr Gegenüber.

SITUATIONSTENDENZ: In einer Situation lässt sich mit Gewalt nichts erzwingen. Nur durch positives Einwirken auf Beteiligte werden Fortschritte erzielt.

XII Der Hängende

MOTIVBESCHREIBUNG: Sich einer Prüfung unterziehen; die Bereitschaft zu Hingabe und Opfer oder dazu, an Grenzen heranzugehen.

Wenn wir an das Opfer im ursprünglichen Sinn denken, scheint es alle Werte auf den Kopf zu stellen: Da wird wertvolles Erntegut verschwendet, um die Götter gütig zu stimmen. Doch eigentlich ging es darum, dass der Mensch für eine neue Aussaat einen Teil der alten Ernte zurückbehalten musste. Das ist dann mit dem Opfergedanken verbunden worden. Als heiliges Opfer war dieser Teil auch in schweren Notzeiten für alle tabu, damit war aber der Fortbestand im nächsten Jahr gesichert. Als Einsicht folgt daraus: Erst wenn ich bereit bin, auf einen bestimmten Teil *jetzt* zu verzichten, kann ich *später* daraus wieder eine neue Fülle und Sicherheit gewinnen.

Auf der mentalen Ebene gewinnt diese Vorstellung noch eine weitere Bedeutung, die sich gut am Beispiel von Odin aus der nordischen Mythologie illustrieren lässt: Odin opferte sich selbst, unterzog sich einer schweren Prüfung, indem er sich kopfunter an den Baum hängte. Nach neun Nächten gelang es ihm dann, hinter eine geistige Barriere zu schauen, und das Geheimnis der Runen wurde ihm offenbar. Um das zu erreichen, hatte er sich einer intensiven körperlichen Belastung unterworfen.

Ohne die Erfahrung der Tiefe kann die Bedeutung der Höhe nicht erfasst werden. Die Umkehrung der Wertigkeiten führt zu einer veränderten

Sichtweise und kann dadurch zu einer echten Einsicht führen. Letztlich verbirgt sich Ähnliches hinter dem Spruch: Wer nicht hören will, muss fühlen – wer nicht einsichtsfähig ist, kann nur über eine intensive Erfahrung zur Einsicht gebracht werden.

Das Bild beschreibt eine Grenzerfahrung: Man kommt bis an eine bestimmte Grenze heran, doch wird diese Grenze hier nicht überschritten.

Im Zyklus der 22 Großen Arkana steht das Bild für die freiwillige Aufgabe bisheriger Wichtigkeiten, um etwas Höherwertiges zu erlangen, und für die Bereitschaft, Bisheriges auch einmal auf den Kopf zu stellen, um sich über diese veränderte Sichtweise einen neuen Erfahrungshorizont zu erschließen, um eine tiefere Einsicht zu gewinnen.

TRADITIONELLE DEUTUNG: Hingabe, Opfer, Prüfung, Verzicht, Unterwerfung, Umkehrung, Loslösung oder Loslassen von bisherigen Werten und Wertvorstellungen.

PRAKTISCHE DEUTUNG: Belastungen bringen einige Einschränkungen mit sich. Jetzt sollten Sie bereit sein, etwas aufzugeben, auch wenn es dazu führt, bisherige Ansichten und Vorstellungen vom Leben umzukehren. Dadurch gewinnen Sie in jedem Fall neue Einsichten, die sich später als nützlich und hilfreich erweisen werden. Oder Sie werden gar zur Einsicht gebracht, weil es anders nicht möglich ist.

Vielleicht müssen Sie bei wichtigen Entscheidungen Zugeständnisse machen und Kompromisse eingehen. Prüfen Sie in jedem Fall, was Sie selbst wirklich wollen!

SITUATIONSTENDENZ: Wenn in einer Situation viel abverlangt wird, ist es notwendig, rechtzeitig die Grenzen zur Umkehr zu erkennen.

XIII Der Tod

MOTIVBESCHREIBUNG: Die intensive Wandlung und Transformation als Teil eines wiederkehrenden Kreislaufs; die Auflösung.

Dieses Bild lässt sich am besten über die Jahreszeit Spätherbst veranschaulichen: Das Laub verwelkt, fällt herab und macht damit Platz für die Knospe des folgenden Blattes, das im nächsten Jahr herauswächst, und bildet als verwesendes Laub den Humus, auf dem neues Leben entstehen kann. Es ist ein Kreislauf des Vergehens und

43

Werdens: Erst wenn etwas Altes aufgelöst ist, entsteht Platz für Neues. Das Alte ist jedoch nicht verschwendet, sondern bildet die Grundlage für das Neue. Der Tod ist die dunkle Seite der Schöpfung, die selbst unsterblich ist. Nur über den Tod und diese Transformation kann sich Neues entwickeln.

Die Metamorphose von einer Raupe zu einem Schmetterling verdeutlicht dieses Motiv auf einer anderen Ebene.

Das heißt: Erst wenn wir Dinge wirklich ganz hinter uns gelassen haben, die als solche nicht mehr entwicklungsfähig waren, ermöglichen wir es, dass etwas Neues eintreten kann. Das Schwierige daran ist nur, dass oft nicht die Einsicht in die Notwendigkeit des Vorgangs besteht, Platz zu schaffen, und dass es oft schmerzlich ist, einen Verlust zu ertragen, vor allem, wenn das Neue noch nicht abzusehen ist.

Bei vielen Naturvölkern war es bei den Mannbarkeitsriten üblich, das Kind bzw. den Jugendlichen symbolisch sterben zu lassen, damit er als Erwachsener wieder aus der Unterwelt aufsteigen konnte, um als neue und gewandelte Persönlichkeit in den Stamm aufgenommen zu werden. Damit war die vorherige Person zu Staub und Asche geworden und alle Fehler und Mängel waren gleichermaßen der Vergangenheit anheim gegeben.

Im Zyklus der 22 Großen Arkana steht das Bild für eine tief greifende Wandlung der Persönlichkeit, die alte Muster hinter sich gelassen hat und damit den Boden vorbereitet, auf dem etwas Neues entstehen kann.

TRADITIONELLE DEUTUNG: Ende, Beendigung, Transformation, Umwandlung, Auflösung, Trennung, endgültiger Abschied.

PRAKTISCHE DEUTUNG: Das Ende von Beziehungen, Freundschaften, Angelegenheiten, die sich nicht mehr fortführen lassen. Wenn Sie in einer Sache oder Beziehung innerlich gekündigt haben, ist diese für Sie praktisch schon beendet, wenn auch die Trennung nach außen noch nicht vollzogen ist. Dieser Schritt fällt trotz allem meist noch sehr schwer, weil er eine tief greifende Umwandlung im Leben auslöst.

Begleitet wird eine solche äußere Situation von einer inneren Umwandlung, die durchaus als schmerzlich empfunden wird, vor allem wenn sich unmittelbar noch nichts Neues am Horizont abzeichnet und zunächst eine Leere entsteht. Doch sollten Sie zu der Einsicht gelangen, dass es sich um eine notwendige Auflösung oder Trennung handelt, ohne die es keine weitere Entwicklung geben könnte.

SITUATIONSTENDENZ: Ein natürliches, unwiederbringliches Ende einer Situation schafft Raum und Grundlagen für neue Entwicklungen.

XIV Die Mäßigung

MOTIVBESCHREIBUNG: Das Bild des Ausgleichens. Deshalb ist der Begriff „Mäßigung" die treffendere Bezeichnung für die Karte als der Begriff „Mäßigkeit" in anderen Tarot-Spielen, der im Übrigen auf die unreflektierte und unglückliche Übersetzung des Wortes *temperance* aus dem Englischen bzw. Französischen seitens einiger Kartenhersteller herrührt.

Mäßigung bedeutet Maßfindung, das Herbeiführen des angemessenen Maßes, was auf dem Bild als Umgießen und Umverteilen von Wasser von einem Pokal in einen anderen dargestellt ist. Bei diesem Vorgang geht nichts verloren, wird aber auch nichts substanziell hinzugefügt. Es wird nur aus dem Vorhandenen geschöpft. Deshalb bezieht sich dieses Bild auf einen inneren Ausgleich.

Des Weiteren stellt diese Karte die natürliche wie höhere kosmische Gesetzmäßigkeit des Ausgleichens dar, und zwar auch im Unterschied zum Bild VIII, die Gerechtigkeit, die sich eher auf die irdisch-menschliche Ordnung bezieht. Im Gegensatz dazu kennt die kosmische Ordnung keine wertende Strafe, sondern nur den Ausgleich. Das lässt sich auch sehr schön mit dem „Gesetz des sanften Hinübergleitens in einen anderen Zustand" umschreiben.

Übertragen auf die menschliche Welt, stellt sich hier das Bild der inneren Umorganisation dar: Das Werteverhältnis wird neu abgestimmt und harmonisiert. Auch die Bezüge untereinander werden im vorhandenen Rahmen neu verteilt. Es wird ein innerer Frieden herbeigeführt, getragen durch Toleranz, Ruhe und Gelassenheit. Auch der Gedanke der Vergebung findet Ausdruck in diesem Bild.

Im Zyklus der 22 Großen Arkana steht das Bild für die neue Vermischung dessen, was in Bild XIII, der Tod, aufgelöst worden ist. Es wird jetzt in veränderter Form neu in den Kreislauf zurückgeführt und es entsteht eine neue innere Ordnung. Dieser Wandel vollzieht sich im Stillen und in Natürlichkeit.

TRADITIONELLE DEUTUNG: Innere Ruhe, Ausgeglichenheit, Gelassenheit, Gleichmaß, Ausgleich, Verteilung, Vermischung, Streben nach Harmonisierung und friedlichem Wandel, Toleranz, Geduld.

PRAKTISCHE DEUTUNG: Derzeit können Sie nur im Rahmen des Vorhandenen umstrukturieren. Lernen Sie dabei die Möglichkeiten innerhalb Ihrer Grenzen zu schätzen und zu achten. Denn auch darin können Sie maßgebliche Veränderungen und Umgestaltungen vornehmen. Es wird zwar nichts Neues hinzugewonnen, doch geht auch nichts verloren. Wenn Sie Ihre bisherige Lebensweise und Lebensführung neu einschätzen, werden Sie zu einer harmonischen Lebensweise sowie einer natürlichen Einstellung zum Leben finden.

Bringen Sie jetzt Geduld auf, versuchen Sie, sich innerlich zu harmonisieren, um zu einem friedlichen Wandel zu gelangen. Gehen Sie mit Gelassenheit an alles heran, so wird sich der Ausgleich für Sie einstellen.

SITUATIONSTENDENZ: Friedlicher Wandel und innere Umgestaltung einer Situation.

XV Der Teufel

MOTIVBESCHREIBUNG: Der Gegensatz, der Widersacher, die Kräfte der Dunkelheit.

Da das Grundmotiv in sich selbst sehr ambivalent ist, kommt es auch (fast zwangsläufig) in der Auslegung des Prinzips zu einer starken Polarisierung.

Viele Autoren zum Thema behandeln nur einen vordergründigen Aspekt des Motivs und verschließen sich damit vor den tieferen Inhalten. Bei dieser Karte ist es leicht, mit dem erhobenen Zeigefinger nur auf das Böse einer Versuchung zu verweisen. Doch sind die Inhalte dieses Bildes wesentlich komplexer. Sie berühren nämlich die schwer greifbaren Kräfte der Dunkelheit im Menschen. Das ist zunächst der animalisch-triebhafte Teil, der vom Bewusstsein her nur schwer zu kontrollieren, doch von außen leicht zu beeinflussen ist. Denn dieser Teil reagiert instinktiv sehr stark auf äußere Eindrücke. Dabei wird das Bewusstsein gewissermaßen ausgekoppelt und die Instinkte übernehmen die Kontrolle. Ein einfaches Beispiel: Wenn man Angst empfindet, dann reagiert man eher unkontrolliert und fast automatisch. In diesem Moment fühlt man sich ausgeliefert bis ohnmächtig. Wenn man allerdings erkennt, wovor man sich tatsächlich ängstigt, sind es meist nur Phantombilder, die der eigenen Einbildung entspringen.

46

Des Weiteren gehört zu diesen Kräften unsere Sexualität, die beim Menschen nicht nur der reinen Reproduktion und damit dem Erhalt der Art dient, sondern mit den Sinnen intensiv als Lust empfunden wird. Und das ist etwas typisch Menschliches! Sexualität kann eine positive wie energetische Verbindung von Gegensätzen (weiblich und männlich) sein, wenn es sich um einen bewussten gemeinsamen Akt handelt, wie es beispielsweise im Tantra gelehrt wird.

Schließlich entspringt dieser Dunkelheit auch der Drang nach Erkenntnis, nämlich die Dunkelheit verlassen und überwinden zu können bzw. das Licht in die Dunkelheit zu bringen. Dazu müssen aber die Ketten und Fesseln, die einen bislang in der Dunkelheit festhalten, erkannt und abgestreift werden.

Und zuletzt: Das Universum war dunkel, bevor es das Licht hervorgebracht hat.

Im Zyklus der 22 Großen Arkana steht das Bild für die „dunkelste" Situation, die auch innerlich höchst intensiv empfunden wird. Sie wirkt sehr nachhaltig und wird ihre Spuren hinterlassen: als tiefe Erfahrung, aber auch als intensiver Lernprozess, bei dem man sich selbst am meisten zu fürchten hat.

TRADITIONELLE DEUTUNG: Ein starker Drang oder Zwang aus der Dunkelheit heraus; außerordentliche Bedrängung; Versuchung; Herausforderung; Prinzip des Widersachers; zugleich antreibend wie hemmend, anziehend wie abstoßend: der Reiz des Verbotenen.

PRAKTISCHE DEUTUNG: Wenn Sie sich einer Macht ausgeliefert sehen, über die Sie keine Kontrolle zu haben glauben oder tatsächlich nicht haben, könnten Sie versucht sein, der Bedrängung einfach nachzugeben, anstatt sich der Herausforderung mit kühlem Kopf und klarem Blick zu stellen. Wenn Sie vor eine höchst unangenehme Wahl gestellt werden, bei der es kein Ausweichen gibt und auch jegliche Option Nachteile bringt, können Sie nur auf das setzen, wozu Sie innerlich am besten stehen können. Bleiben Sie Ihren inneren Werten treu!

In Bezug auf ein Vorhaben sollten Sie zunächst lieber davon Abstand nehmen, weil Sie aktuell eher Widerstände heraufbeschwören und sich damit das Leben selbst unnötig schwer machen dürften. Es lässt sich nichts herbeizwingen.

SITUATIONSTENDENZ: Blockade und Hemmnisse aufgrund von ungewöhnlichen Widerständen, eine Zwangssituation oder eine Verlockung ist durchzustehen.

XVI Der Turm

MOTIVBESCHREIBUNG: Der vom Blitz getroffene Turm, das Aufbrechen von Begrenzungen durch einen ebenso heftigen wie plötzlichen Energieausbruch.

Der gefallene Turm ist seit alters ein Zeichen dafür, dass eine alte Macht gebrochen ist. Deshalb wurden im Mittelalter oft eroberte Burgen „geschleift", sprich die Türme und teilweise sogar die Mauern sind niedergerissen worden, um weithin zu demonstrieren, dass diese Macht nun gebrochen und erloschen war. Im weiteren Sinn bedeutet es auch, alte Idole von den Sockeln zu stürzen, zu demaskieren oder zu entlarven; einen Elfenbeinturm einzureißen oder verlassen zu müssen.

Der Blitz im Motiv ist in mehrfacher Hinsicht zu verstehen, denn er wird oft als der göttliche, strafende Blitz gesehen und soll in dieser Hinsicht eine Legitimation für die Zerstörung ausdrücken. Auf der anderen Seite ist der Blitz immer mit dem Gewitter verbunden, das bekanntlich wieder die Luft bereinigt. Der Blitz ist in der Natur die schlagartige Entladung eines Druckpotentials: Es hat sich etwas so lange aufgestaut, bis es zur heftigen Entladung kommt, die große Kräfte freisetzt. Andererseits lässt sich der Blitz auch als der göttliche Blitz der Inspiration auffassen, der das alte Gedankengemäuer sprengt und neue Ideen hervorbringt.

Der Turm beinhaltet auch das Motiv eines Hauses, das nicht mehr seine eigentliche Funktion erfüllt oder erfüllen kann. Deshalb muss beispielsweise ein Haus bzw. ein Ort verlassen oder eine Grenze überschritten werden.

Im Zyklus der 22 Großen Arkana steht das Bild für das Ausbrechen aus der Dunkelheit der vorangehenden Karte XV, der Teufel. Indem die Ketten der Angst und Fesselung erkannt und abgestreift werden konnten, findet jetzt die schlagartige Befreiung statt. Die „Macht des Teufels" ist zwar überwunden, hat aber auch ihren Preis gekostet. Man hat alles zurücklassen müssen und findet sich nun zunächst „nackt" und etwas angeschlagen. Obwohl eine Klarheit eingetreten ist, ist die Dunkelheit noch nicht völlig gewichen.

TRADITIONELLE DEUTUNG: Offenbarung, Umbruch, Heftigkeit, Unruhe, plötzliche Auseinandersetzung, die göttliche Zerstörung, der tiefe Fall (vgl. auch die Vertreibung aus dem Paradies); das große Haus.

PRAKTISCHE DEUTUNG: Wenn Aufgestautes plötzlich zum Ausbruch kommt, werden Begrenzungen und erstarrte Formen aufgebrochen: Gelegentlich kann ein Schock auch heilsam, zumindest aber befreiend wirken. Auch wenn die Begleitumstände etwas widrig sind, wird doch eindeutige Klarheit geschaffen, und das bedeutet, dass es danach wieder vorwärts gehen kann. Das lässt sich gut mit einem Gewitter vergleichen: Der Blitz ist das Entladen aufgestauter Energie und löst den Donner aus; und nach dem Gewitter sind die dunklen Wolken verschwunden und die Luft ist wieder klar.

Wenn Sie unvermittelt das Haus verlassen, mit alten Verhältnissen brechen oder sich endlich von unerträglich gewordenen Einschränkungen befreien, werden Sie sich zunächst etwas allein und verlassen fühlen, doch haben Sie endlich (?) wieder Boden unter den eigenen Füßen!

SITUATIONSTENDENZ: Ein einschneidender Umbruch verändert die Lage; Ausbrechen aus einer erstarrten Situation.

XVII Der Stern

XVII·Der STERN

MOTIVBESCHREIBUNG: Der Stern als Licht in der Dunkelheit.

Die Sterne am nächtlichen Firmament scheinen in stetigen und ewigen Bahnen ihre Kreise zu ziehen. Sie sind das Licht in der Dunkelheit, das ferne und erhabene, das hohe Ziel. Entrückt von der unmittelbaren Erreichbarkeit, stellt der Stern ein hohes Ideal dar, das sich nur schwer, wenn überhaupt erreichen lässt. Es ist auch gar nicht so entscheidend, ob dieses Ziel tatsächlich erreicht wird, wichtiger ist vielmehr der richtungweisende Charakter, der vom Ziel ausgeht. Das liefert den oft (lebens-)wichtigen Impuls, der zu erneuten und erhöhten Anstrengungen befähigt. Wir verwenden dafür den Begriff Hoffnung. Das ist der Impuls, der uns auch in dunklen Situationen einen Schritt weiter gehen lässt.

Als nächtliche Orientierungspunkte weisen Sterne immer eine Richtung, einen Weg, bieten eine Perspektive, eine Aussicht. Damit weist das Bild auf die innere Bereitschaft etwas anzunehmen und sich leiten zu lassen, und zwar von etwas, das dem eigenen inneren Wesen entspricht und in Harmonie dazu steht.

Die weibliche Gestalt auf dem Bild gießt Wasser aus zwei Krügen aus: auf die Erde und zurück ins Wasser. Das stellt zum einen den Ausgleich nach außen dar (im Gegensatz zu XIV, die Mäßigung, die einen inneren Ausgleich beinhaltet). Das Ausgießen von Wasser zurück in den See scheint hingegen recht unlogisch zu sein, doch zeigt dies an, dass es nicht um Sinn oder Sinnlosigkeit geht, sondern darum, dass ein wichtiger Schritt ohne die Frage nach einem Sinn zu vollziehen ist. Letztlich gehört auch zum Wesen der Hoffnung, dass sie sich nicht erfüllen kann, und das ist manchmal auch besser, denn nicht jeder Hoffnungswunsch hält das, was man sich zuvor davon versprochen hat.

Im Zyklus der 22 Großen Arkana steht das Bild für einen ersten Hoffnungsschimmer in der Dunkelheit, der eine neue Perspektive eröffnet. Die Begegnung mit einem Ideal verleiht neue Zuversicht und stellt eine gute wie erstrebenswerte Zielvorgabe dar. Auch wenn dies nur vorübergehend von Bedeutung ist, liegt darin letztlich ein Vorankommen.

TRADITIONELLE DEUTUNG: Hoffnung, gute Aussicht und Perspektive, Ideal, Fernziel, Ziel höchsten Strebens, Bestimmung; neue Motivation, Zuversicht; Übereinstimmung, Seelenverwandtschaft.

PRAKTISCHE DEUTUNG: Eine aussichtsreiche Perspektive eröffnet sich für Sie, die Hoffnung und Zuversicht verleiht und damit verborgene Kräfte in Ihnen weckt. Lassen Sie sich von diesem positiven Impuls tragen, weil er Sie auf einen guten Weg bringt. Das heißt aber nicht, dass Sie sich nun ständig blind darauf verlassen sollten: Er hilft Ihnen schon über eine Klippe oder Hürde hinweg, danach müssen Sie aber selbst wieder auf eigenen Beinen stehen können.

Eine Begegnung oder eine Idee erweist sich als richtungweisend für Ihr Leben, weil Sie darin eine Art Wesensverwandtschaft erkennen oder dies einem inneren Ideal von Ihnen entspricht. Daraus können Sie Kraft gewinnen, die Ihnen beizeiten weiterhelfen wird.

SITUATIONSTENDENZ: Eine neue Perspektive verleiht Kraft und Auftrieb, eröffnet mitunter neue Zielsetzungen.

XVIII Der Mond

MOTIVBESCHREIBUNG: Der Mond als Spiegel des Sonnenlichts; zyklischer Wandler der sichtbaren Gestalt; das Unverständliche.

Der Mond wandelt seine sichtbare Form im zyklischen Wechsel der Mondphasen. Er zeigt seine ganze Gestalt nur bei Vollmond. Damit steht der

XVIII · Der MOND

Mond auch für das „sichtbar Unsichtbare", das, was sich zeitweise versteckt und sich nur in gewissen Zeitabständen oder unter bestimmten Umständen bemerkbar macht bzw. sichtbar wird.

Mondlicht ist reflektiertes Licht, das die Welt in einem fahlen bis unwirklichen Licht erscheinen lässt. Vieles wirkt anders, als es tatsächlich beschaffen ist. Das führt zu Trugbildern, Illusionen, Irrungen und Wirrungen. Krisen werden begleitet von Unsicherheit und Verunsicherung, alle gebotenen inneren wie äußeren Richtwerte entpuppen sich als wertlos, da sie *jetzt* keine geeignete Orientierung vermitteln.

Eine derart sensible Situation, die eben keine objektiven wie greifbaren Anhaltspunkte bietet, kann nur mit einem festen Vertrauen in sich selbst bestanden werden. Der Ausweg aus der Situation ist am Horizont zwar auszumachen und mit vorsichtigen Schritten gelangt man dorthin, aber eben ohne sich durch den heulenden Wolf auf dem Bild beeindrucken zu lassen. Eine typische Mond-Situation wird so empfunden, dass alles von einem schweren Nebel verschleiert wird, alte Erfahrungen hochgespült werden, aus den Spiegeln der Illusion herausdrängen und sich als Lösungmuster für die Situation anbiedern wollen – doch wäre jetzt ein Rückfall in diese alten Muster ein Fehler, der einen weit zurückwirft. Warum glaubst du nicht an dich selbst?

Im Zyklus der 22 Großen Arkana steht das Bild für eine letzte Bewährung, bevor die Dunkelheit vom Anbruch des neuen Tages abgelöst wird. Diese Situation ist insofern kritisch, als sich keine brauchbaren Orientierungspunkte ausmachen lassen. Selbst alte, eigene Erfahrungswerte führen in die Irre oder stellen sich als untauglich heraus. Nur im eigenen Selbstvertrauen findet man den erforderlichen Halt, um den beabsichtigten Weg mit umsichtigen Schritten fortzusetzen.

TRADITIONELLE DEUTUNG: Ungewissheit, Reflexion, Illusion, Schein, seelische Krise, eine letzte Bewährung, undurchsichtige Verhältnisse oder Beeinträchtigungen.

PRAKTISCHE DEUTUNG: Lassen Sie sich nicht durch Schein und Illusion beirren oder verunsichern, sondern bleiben Sie auf Ihrem eingeschlagenen Weg. Setzen Sie den Weg behutsam und vorsichtig fort, dann wird sich in Kürze eine überraschende Wendung einstellen.

Die Verhältnisse lassen sich jetzt einfach nicht durchschauen, selbst eigene Erfahrungswerte aus früheren Situationen erweisen sich als nutzlos und durchaus sogar als irreführend. Sehen Sie es als letzte Bewährung vor einem Durchbruch an, wenn es Ihnen jetzt gelingt, sich unbeirrt und unbeeindruckt voranzutasten.

Aus einer seelischen oder emotionalen Krise kann man gestärkt und innerlich neu gefestigt hervorgehen, wenn es einem gelingt, sich nicht von alten Trugbildern gefangen nehmen zu lassen. Sie können eine neue Stärke gewinnen, auch wenn das in der Situation kaum danach aussieht.

SITUATIONSTENDENZ: Undurchsichtige Verhältnisse erschweren ein Vorankommen; im Hintergrund oder Verborgenen vollzieht sich noch ein Wandel, der zur Wendung in der Situation führen wird.

XIX Die Sonne

MOTIVBESCHREIBUNG: Die Sonne als Urquell des Lebens und der Lebenskraft; der Anbruch eines neuen Morgens; Lebenslust und Lebensfreude.

Die Sonne als Licht- und Energiequelle, deren Strahlen das Leben bringen oder bei zu starker und intensiver Strahlung auch zerstören kann. Deshalb sind auf den Tarotbildern zur Sonne die abgebildeten Kinder immer räumlich von der Sonne getrennt, um zu zeigen, dass ein „dosiertes" Sonnenlicht zur Entwicklung des Lebens gehört, sonst könnte es in der Hitze vorzeitig verdorren. Auf diese behütete Art kann die Lichtenergie wachsen und reifen und Regeneration und Vitalität bewirken.

Das Bild zeigt das Heranwachsen einer neuen Generation und stellt damit den Neubeginn dar. Das Reifen vollzieht sich unter einem gewissen Schutz, bevor das Neue die volle Sonnenenergie verkraften kann.

Traditionell sind auf diesem Tarotbild zwei Kinder als Zwillingspärchen dargestellt, die als Kinder der Sonne für die uranfängliche Dualität und die Spiele des Lebens stehen. Kinder müssen spielerisch heranreifen, ehe sie ihr eigenes Leben führen können. Die beiden Seiten der menschlichen Natur müssen lernen, sich zu arrangieren, bevor sie gemeinsam dem ganzen Menschen dienen können. Deshalb bezieht sich dieses Bild auf die Reifezeit. Es ist Zeit vorhanden, in der sich etwas entwickeln kann und darf. Und die Kinder sind Ausdruck für den heiteren Aspekt der solaren Energie: für die Freude am Leben.

Im Zyklus der 22 Großen Arkana steht das Bild für die Phase des Reifenlassens und der Regeneration, bevor es wirklich weitergeht. Der Same ist bereits gesetzt und hat gekeimt, jetzt braucht die Pflanze noch Zeit zum Wachsen und Reifen. Kinder müssen erst heranwachsen, bevor sie selbständig werden.

TRADITIONELLE DEUTUNG: Vitalität, Leben, Lebenskraft und Liebe, Lebensfreude; Regeneration, Erneuerung, Reifung, Neubeginn, das Wiedererwachen; Zentrum der ewig Leben spendenden Kräfte.

PRAKTISCHE DEUTUNG: Selbst ein kleiner oder bescheidener Anfang bringt nach einer Zeit des Reifens seinen Ertrag und Erfolg. Geben Sie sich Zeit, damit etwas wachsen kann. Gönnen Sie sich auch Zeit für Lebensfreude, die Spiele des Lebens und die Liebe. Vitalität will erhalten sein und muss sich entfalten können, auch um zur guten Gesundung zu führen.

Zwar sind Probleme und Hemmnisse der Vergangenheit ausgestanden, so dass unter günstigen Voraussetzungen ein aussichtsreicher Neubeginn erfolgen kann. Doch jetzt keine Überstürzung oder Hast walten lassen, andere brauchen auch Zeit, um sich entsprechend einzustellen.

SITUATIONSTENDENZ: Förderliche Impulse für Lebensfreude und neue Anfänge; lassen Sie sich Zeit.

XX Die Entscheidung

MOTIVBESCHREIBUNG: Die Aufhebung einer Trennung, das Zusammenführen, Berufung und Emporheben aus der Dunkelheit.

Das Wort Entscheidung selbst bedeutet das Aufheben einer Trennung und damit das Zusammenführen zu einer neuen Einheit. Es wird etwas zusammengeführt, was auch zusammengehört, jedoch vorher getrennt gewesen ist.

Das Bild wird auch „Das jüngste Gericht" oder „Die Auferstehung" genannt, weil es diesem Motiv sehr verwandt ist. Doch drückt diese Bezeichnung nur einen — wenn auch weiten — Teilaspekt des gesamten Bildes aus. Es stellt eine Erlösung aus der Dunkelheit dar, verbunden mit einem höheren Urteilsspruch.

53

In einem weiteren Sinn zeigt das Bild die Verbindung des Oberen mit dem Unteren, beides strebt einander zu, um sich zu verbinden, um eine neue, höhere Einheit hervorzubringen.

In einer Situation kommt es zu einer tiefen und unverbrüchlichen Gewissheit. Und eine solche Gewissheit entsteht in der eigenen Person, wenn Entscheidungen im Einklang von Kopf und Bauch, von Verstand und Instinkt und mit einem Gefühl des inneren Getragenseins getroffen werden. Da ist jeglicher Zweifel ausgeschlossen und diese tiefe innere Sicherheit, die auch als innere Berufung empfunden wird, löst nachhaltig jegliche Anspannung und Dunkelheit auf.

Ein sehr verwandtes Motiv ist die Erweckung aus dem Dornröschenschlaf, bei dem die solare Kraft die lunare nach einem langen Schlaf erweckt, damit beide ihre gemeinsame Bestimmung erfüllen können, nämlich zusammen ein neues Leben zu beginnen.

Im Zyklus der 22 Großen Arkana steht das Bild für die letztliche Gewissheit und eindeutige Klärung einer Situation. Was vorher im Bild der Sonne herangewachsen ist, ist nun reif, um „geboren" zu werden und vollends ans Licht zu treten.

TRADITIONELLE DEUTUNG: Urteil, Entscheidung, eine zweifelsfreie Gewissheit, Erlösung, Befreiung, Berufung; die Auferstehung, eine Erweckung aus dem Dornröschenschlaf.

PRAKTISCHE DEUTUNG: Nach einer schwierigen Zeit oder einiger Verzögerung stellt sich endlich eine zweifelsfreie Gewissheit ein, so dass sich Belastungen und Behinderungen aufheben lassen und eine maßgebliche Hürde genommen wird. Daher sollte es in jeder Hinsicht für Sie wieder vorangehen, auch indem Sie eine Verbesserung der Stellung oder Position erreichen, weil eine Zustimmung oder Berufung erfolgt ist.

Im kleineren Rahmen handelt es sich um eine Entscheidungsfindung, zu der „Kopf und Bauch" beitragen müssen, damit die gesamte Person dazu stehen kann und ein solides Fundament gegeben ist.

SITUATIONSTENDENZ: Definitive Klarheit tritt in die Situation und schafft neue Voraussetzungen oder Fundamente.

XXI Die Welt

MOTIVBESCHREIBUNG: Ein Kreis schließt sich und setzt sich zugleich auf einer anderen Ebene fort – die Entwicklung des Lebens resultiert aus dieser schwingenden Bewegung.

Der Abschluss eines Zyklus, eines Kreislaufes: Es ist ein Ziel auf dem bisherigen Lebensweg erreicht, jetzt geht es anders weiter. Man tritt in ein neues Stadium ein bzw. beginnt auf einer anderen Ebene von vorne. Ebenso schließt sich das Bild des Narren in der Abfolge wieder an das Bild der Welt an und eröffnet den Kreislauf von neuem. So repräsentiert diese Karte Abschluss und Neuanfang in einem.

Damit weist das Bild auch auf die Einbindung der Person in den Lauf der Welt: Man ist an einen Punkt oder Platz im Leben gelangt, der wichtig für die persönliche Entwicklung ist. Um nur zwei Beispiele zu nennen: Wenn Sie die Schule oder eine Ausbildung abgeschlossen haben, ist dieser Abschnitt im Leben vorbei. Sie nehmen daraus Voraussetzungen mit für Ihr weiteres Leben. Wenn eine Partnerschaft durch eine Ehe besiegelt wird, treten beide in ein neues Stadium der Gemeinsamkeit ein.

Außerdem stellt das Bild die Vielfalt und Vielgestaltigkeit in der Einheit des Kosmos dar. Der Reichtum der Schöpfung gipfelt in diesem Bild, das gleichzeitig auf die ständige Bewegung im Kosmos hinweist, dass es nämlich keinen Stillstand gibt. Schwingung ist der Tanz des Universums.

Im Zyklus der 22 Großen Arkana steht das Bild für den Abschluss eines Zyklus, das Erreichen eines Zieles als Voraussetzung für einen neuen Weg auf einer anderen Ebene.

TRADITIONELLE DEUTUNG: Vollendung, Vervollkommnung, Erfüllung, Integration, Abschluss eines Zyklus, Freiheit und Entfaltung, das Erreichen eines wichtigen Zieles, auch in einer Lebensetappe.

PRAKTISCHE DEUTUNG: Sie bringen etwas zum Abschluss und erreichen sogar ein Ziel auf Ihrem Lebensweg, das für Sie von Bedeutung und Wichtigkeit ist. Sie finden vorübergehend Erfüllung darin.

Denn da sich auch neue Möglichkeiten zur Entfaltung auf anderen Wegen eröffnen, werden Sie bald zu etwas Neuem aufbrechen, neuen Horizonten entgegenstreben, in einen neuen Zyklus eintreten. Aus dem Bisherigen nehmen Sie dazu wichtige Vorausetzungen mit und das sollten Sie durchaus zu würdigen und zu schätzen wissen.

SITUATIONSTENDENZ: Eine wichtige Phase wird zum Abschluss und zur Vollendung gebracht.

Tarot-Legeverfahren

Denken Sie immer daran: Es sind nicht die Karten, die Ihr Schicksal bestimmen. Die Karten zeigen Ihnen Wege, wie Sie Ihr Schicksal meistern können. Von Ihrer persönlichen Deutung hängt es ab, was Sie aus dem aufgezeigten Weg machen, welche Interpretation Sie Ihrem Schicksal geben. Durch die Karten können Sie Licht ins Dunkel bringen, Sie können Negatives zum Positiven wenden. Das bedeutet nicht nur aktives Handeln (das Ihnen niemand abnehmen kann), sondern in bestimmten Fällen auch: etwas (in sich) geschehen lassen. Das Leben erfordert das eine Mal Zurückhaltung, ein anderes Mal aktiv und initiativ zu sein.

Jede Karte bietet einen gewissen Deutungsspielraum, weil das Bild und Motiv eine symbolische Darstellung ist, die in ihrem Rahmen mögliche Entsprechungen beinhaltet. Jedem leuchtet es ein, dass der Herrscher im Tarot den Vater, aber eben nicht die Mutter darstellen kann. Für die Mutter gibt es das Bild der Herrscherin. Auf der anderen Seite kann natürlich eine Mutter dennoch über die Qualitäten des Herrschers verfügen. Die eigentliche Schwierigkeit in der Deutung besteht darin, diese feinen Differenzierungen vornehmen zu können bzw. diese Kunst zu erlernen. Das ist letztlich eine Frage der Übung, indem man zunächst mit einfachen Beispielen die Bezüge und Zusammenhänge des eigenen Lebens in den Bildern erkennt. Im Verlauf der Zeit bildet sich eine gewisse Erfahrung heraus.

Es sei Ihnen hier nochmals ans Herz gelegt: Kleben Sie bitte nicht an den reinen Buchdeutungen fest, wenn Sie ein Legeverfahren anwenden und die Bedeutungen der Karten nachlesen. Die Kommentare sind als recht kompakt formulierte Anregungen gedacht, die sich gut auf die eigene Situation übertragen lassen. Mit anderen Worten: Sie werden sich sehr schnell in den Bildern und Kommentaren wieder finden. Als zusätzlichen Nutzen werden Sie bald festellen, wie Sie Ihren Geist mit dem Tarot schulen und weiterentwickeln. Es gilt also für die eigene Praxis: üben und mit dem Leben vergleichen, gegebenenfalls Fehldeutungen nachträglich korrigieren. In diesem Zusammenhang erweist sich das persönliche Orakeltagebuch (Seite 18) als hilfreich.

Halten Sie den Umfang der Befragung überschaubar, indem Sie Legeverfahren mit einer kleineren Anzahl von Karten verwenden. Es mag zwar spannend anmuten, viele Karten vor sich ausgebreitet zu sehen, doch werden Sie dann den Wald vor lauter Bäumen kaum erkennen und die Deutungen sind lange nicht so effizient, wie es erwartet würde. Gehen Sie lieber in kleinen und nachvollziehbaren Schritten vor. Das Legeverfahren „Der Weg des Thoth" (Seite 64) sei Ihnen in dem Zusammenhang wärmstens ans Herz gelegt. Wir haben deshalb in diesem Buch nur Legeverfahren mit maximal sieben Karten ausgewählt, mit Ausnahme des Keltischen Kreuzes (Seite 76), für das man zehn Karten benötigt. Es wurde mit aufgenommen, weil es ein klassisches Legeverfahren ist.

Folgende Legeverfahren werden, teilweise mit praktischen Beispielen, in diesem Kapitel vorgestellt:

▷ Bin ich bereit? Eine Check-Legung
▷ Drei-Karten-Legung
▷ Der Weg des Thoth
▷ Das Begegnungs- oder Wege-Kreuz
▷ Das Tau-Kreuz
▷ Das Keltische Kreuz
▷ Der Spiegel der Isis
▷ Die sieben Stationen des Anubis

Es empfiehlt sich durchaus, nur die Großen Arkana zu verwenden. Das mag zwar wie eine Einschränkung erscheinen, wo es doch auch die 56 Kleinen Arkana gibt, doch beinhalten eben nur die Großen Arkana die archetypischen Grundmuster des Lebens in konzentrierter Form und führen schneller zum Kern der Dinge. Mit den Kleinen Arkana neigt man doch dazu, nur etwas an der Oberfläche zu kratzen, sie können jedoch hilfreich sein, um allmählich einen Weg in die Tiefe zu finden. Bei allen Beispielen, die im Folgenden zu den einzelnen Legearten gegeben sind, wurde nur mit den Großen Arkana gearbeitet. Wenn Sie etwas Erfahrung mit dem Tarot haben, können Sie selbstverständlich auch die Kleinen Arkana hinzuziehen. Nur einige wenige Legeverfahren sind ausschließlich für die Großen Arkana geeignet. Das ist dann jeweils bei der Beschreibung vermerkt.

Für besondere Fragen, die Ihnen persönlich ganz wichtig sind, sollten Sie sich ein bestimmtes Legeverfahren und eventuell sogar ein besonderes Tarotspiel reservieren. Wenden Sie das Verfahren auch wirklich nur zu diesem besonderen Anlass an. Bei Fragen, die sich eher auf alltägliche Zusammenhänge beziehen, können Sie alle anderen Ihnen bekannten Legeverfahren und ein Tarotspiel „für den Alltag" benutzen. Diese Unterscheidung ist insofern von Bedeutung, als die innere Wichtigkeit auch einer äußerlichen Entsprechung bedarf, um sich wirklich vom Alltäglichen abzuheben, ja sogar zu distanzieren. Das schafft auch eine mentale Distanz, die für die Durchführung und Auswertung der Befragung sehr wichtig ist. Man muss für eine solche Unterscheidung allerdings schon eine gewisse Vertrautheit im Umgang mit den Karten und mit verschiedenen Legeverfahren entwickelt haben. Den Anfänger überfordert sie noch, weil er sich in Neuland begibt und erst Erfahrungen sammeln muss, bevor er zu einer eigenen Unterscheidung kommen kann.

Folgende einfache Regeln gelten für alle Tarot-Legearten:

▷ Die Grundrichtung weist von links nach rechts sowie von unten nach oben. Links entspricht dem Bereich der Vergangenheit und rechts dem Bereich der Zukunft bzw. des Ausblicks. Entsprechend ist unten die Wurzel und oben die Krone, das Ziel. Ein Zentrum in der Mitte stellt meist den gegenwärtigen Zustand oder das Problem dar.

▷ Die Reihenfolge führt von einer Karte zur nächsten. Die Abfolge ist meist zeitlicher oder kausaler Art. Das, was war (links), hat zum jetzigen Zustand geführt (Zentrum) und wird sich unter den aktuellen Voraussetzungen so entwickeln können (rechts).

Mischen und Ziehen der Tarotkarten

Mit dem Mischen der Karten übertragen Sie Ihre „Ordnung" auf die Karten. Sie sollten jedoch nicht nach der „Zockermethode" mischen und die Karten kunstvoll aus zwei Stapeln ineinander rauschen lassen, wie es oft in Filmen zu sehen ist. Mischen Sie ganz normal von einer Hand in die andere. Während des Mischens können Sie sich auf die Frage konzentrieren, die Sie bewegt. Versuchen Sie zugleich, sich locker zu machen und zu entspannen. Nach dem Mischen sollten Sie mindestens einmal abheben, um das Unterste nach oben zu kehren: Dabei wird das Kartenpäckchen in zwei etwa gleich große Teile geteilt und der untere Teil auf den oberen gelegt.

Sofern die Legeverfahren keine besondere Vorschrift zum Ziehen der Karten enthalten, können Sie jetzt entweder die benötigte Kartenzahl vom Kartenpäckchen der Reihe nach von oben auslegen oder Sie breiten die Karten zu einem Fächer aus, ziehen die gewünschte Anzahl einzeln nach Fingerspitzengefühl heraus und legen sie in der entsprechenden Reihenfolge aus. Probieren Sie aus, welche Methode Ihnen besser zusagt. Die Karten bleiben während des gesamten Misch- und Ziehvorgangs verdeckt, so dass man nicht sieht, welche Karte man zieht.

Das Ziehen einer Tageskarte

Einen guten Einstieg in die Sprache des Tarot erhalten Sie, wenn Sie täglich eine so genannte Tageskarte ziehen. So werden Sie gleichzeitig mit den einzelnen Karten immer besser vertraut.

Ziehen Sie dazu morgens in aller Ruhe eine Karte, betrachten Sie sie kurz und legen Sie sie wieder zurück zu den Karten. Erst am Abend nehmen Sie dann wieder in Ruhe eine zurückschauende Betrachtung vor und überlegen, was sich vom Tagesgeschehen bzw. vom aktuellen Lebenszusammenhang im Tarotbild wieder findet.

Wenn Sie das über einen gewissen Zeitraum praktizieren, werden Sie bereits morgens beim Ziehen der Karte in etwa eine Vorstellung haben, was die Karte für den Tag anzeigt, was für Sie wichtig sein dürfte und worauf Sie achten sollten.

Tragen Sie die gezogene Karte und Ihre Gedanken und Erfahrungen dazu in Ihr persönliches Orakeltagebuch (Seite 18) ein. Sie werden es bald zu schätzen wissen, weil Sie Ihre persönliche Entwicklung mit diesem Tagebuch verfolgen und nachvollziehen können. Es lohnt sich wirklich.

Nehmen wir an, Sie ziehen für den Tag die Karte XVI, der Turm. Sie steht für eine Umbruchsituation. Achten Sie nun darauf, welches Ereignis oder welche Stimmung an diesem Tag dieser Karte entspricht. Vielleicht ist es ein plötzlicher Geistesblitz, der eine Idee freisetzt, die schon länger vor sich hin gegärt hat, oder ein klärendes Streitgespräch, das endlich Klarheit bringt, oder ein überraschender Telefonanruf. Möglicherweise werden Sie im Lauf der Zeit immer mal wieder diese Karte ziehen und können dann sehen, welche unterschiedlichen Entsprechungen sie auf der Alltagsebene hat. Auf diese Weise können Sie die vielfältigen Aspekte und Facetten einer Karte nach und nach kennen lernen. In jedem Fall sollte die Tageskarte aufzeigen, was von Bedeutung für Sie im Tagesverlauf gewesen ist.

Umgekehrt können Sie auf diese Weise die eigene Welt im Tarot wieder finden. Das erklärt auch, warum ein kompletter „Zuordnungskatalog" zu jedem Tarotbild keineswegs sinnvoll ist. Er würde nicht, wie mancher vielleicht denkt, die Deutung vereinfachen. Denn bei der Tarotdeutung geht es nicht um das mehr oder weniger stupide Heraussuchen passender Analogien, das ohne wirkliche innere Beteiligung stattfindet, sondern darum, mit der Intuition die eigene Deutung in ihrer Vielschichtigkeit zu ergründen.

Bin ich bereit? Eine Check-Legung

Dieses Legeverfahren eignet sich besonders, um herauszufinden, ob eine Legung zu einem bestimmten Thema zum jetzigen Zeitpunkt auch wirklich sinnvoll ist oder auf einen späteren Termin vertagt werden sollte.

1. Schritt: eine Karte aus dem ausnahmsweise nicht verdeckten Stapel auswählen bzw. definieren, die das Problem, die Frage darstellt.

2. Schritt: die ausgewählte Karte wieder zu den anderen Karten legen, verdeckt mischen und dann zweimal abheben, so dass der Kartenstapel dreimal geteilt ist, also drei (in etwa gleich große) Teil-Kartenstapel nebeneinanderliegen.

3. Schritt: die definierte Karte in den Stapeln suchen.

Befindet sich die Karte im

▷ linken Stapel, dann ist die Karte falsch definiert bzw. ausgewählt worden. Das heißt, sie charakterisiert das Thema nicht in angemessener Weise. Wählen Sie eine andere, besser geeignete Karte und wiederholen Sie diese Legung. Sollte beim dritten Versuch kein positives Ergebnis vorliegen, vertagen Sie die Befragung.

▷ mittleren Stapel, dann ist Ihre Wahl in Ordnung und Sie können fortfahren.

▷ rechten Stapel, dann sollten Sie die Befragung vorerst vertagen. Zählen Sie von oben ab, an welcher Position sich die Karte befindet. Die gefundene Zahl zeigt die Anzahl an Tagen, Wochen oder auch Monaten, bis das Thema reif ist für eine erneute Befragung.

Drei-Karten-Legung

Dieses Legeverfahren ist ebenso einfach wie aufschlussreich. Ziehen Sie drei Karten und legen Sie sie nach folgendem Muster aus:

I: Vergangenheit
2: Gegenwart
3: Zukunft

Beispiel

Anhand dieses Beispiels soll gezeigt werden, wie man bei einer Deutung vorgehen kann. Folgende Karten wurden bei einer Legung gezogen: I. Karte: Die Gerechtigkeit (VIII), 2. Karte: Der Wagen (VII), 3. Karte: Das

Rad (X). Zuerst lesen wir im Kapitel „Die 22 Karten der Großen Arkana" (Seite 23) bei den jeweiligen Karten den Originaltext nach, wie er unter dem Stichwort „Praktische Deutung" formuliert ist. Dann wird die entsprechende Passage in den persönlichen Zusammenhang gestellt bzw. auf die Situation, in der sich der oder die Fragende gerade befindet, übertragen und eine Deutung vorgenommen.

Für die erste Karte, Gerechtigkeit, auf der Position der Vergangenheit ergeben sich folgende Deutungen:

Originaltext	Deutung
Sofern es um die Abwicklung von Rechts-, Verwaltungs- oder Finanzangelegenheiten geht, müssen die gültigen Regeln eingehalten, respektiert und berücksichtigt werden.	Aus der Vergangenheit ist eine rechtliche Angelegenheit noch nicht völlig abgeschlossen. Oder Sie haben aus einer Vertragssache noch Geld zu erwarten. Bisher haben Sie sich damit, etwas zu unternehmen, noch zurückgehalten. (Da es um die Vergangenheit geht, die auch in der Gegenwart immer noch eine Rolle spielt, sind die Regeln insofern beachtet worden, als auf Fairplay des Gegenübers gesetzt worden ist.)
Verhältnismäßigkeit und Maßstäbe sind zu prüfen. Bei Streitigkeiten sollte das Gebot der Fairness beachtet und mitunter ein (Interessen-)Ausgleich herbeigeführt werden.	Es wurde bereits in Erwägung gezogen, jetzt etwas zu tun. (Wenn kein konkreter Streitfall vorliegt, können die folgenden Deutungen entfallen.)
Klären Sie die Zuständigkeiten und Verantwortlichkeiten, bevor Sie konkret etwas unternehmen.	(Der Passus wäre hier nur wichtig, wenn es eine kompliziertere Sache oder ein bereits eingeleitetes Rechtsverfahren wäre.)

Eine Gemeinschaft bedingt eine gemeinsame Verantwortung, darin liegt der Maßstab für die Freiheiten des Einzelnen. Die Rechte, die Sie selbst für sich in Anspruch nehmen, müssen Sie auch anderen zugestehen.

(Der Passus wäre nur wichtig, wenn beispielsweise ein Streitfall vorläge.)

Mitunter müssen jedoch die Regeln in der Gemeinschaft neu abgestimmt werden, um sie an grundlegend veränderte Situationen anzupassen.

Falls sich im betroffenen Fall Voraussetzungen oder Bedingungen geändert haben, muss entweder eine neue Regelung getroffen werden oder die Abwicklung muss an die neuen Verhältnisse angepasst werden.

Aus dieser Bestandsaufnahme ergibt sich schon die Richtung für die Deutung der folgenden Karte, der Wagen. Sie sagt etwas über die Gegenwart aus.

Originaltext	Deutung
Wenn Sie partout etwas durchsetzen, ja erzwingen wollen, dann schauen Sie weder nach rechts noch nach links.	Es ist schon an der Zeit, in dieser Sache nun etwas durchzusetzen.
Mit ungebremstem Elan wollen Sie etwas erreichen, eine eigene Leistung vollbringen, die Ihnen Verdienste, Anerkennung und Ehrung verschafft, Sie wollen sich eventuell sogar einen anderen Platz im Leben erringen.	(Der Passus ist für den Kontext nicht nötig.)
Dabei könnte sich eine Dynamik entwickeln, die laufend weiteren persönlichen Einsatz erfordert: Der Erfolg wird zum Erfolgszwang.	Entwickeln Sie ruhig etwas Dynamik, um die Sache in Schwung zu bringen.

Im Leben muss man zuweilen ein Wagnis eingehen, um etwas zu erreichen. Solange Sie auf Rückhalt bzw. Rückendeckung zählen dürfen und das Risiko kalkulierbar halten, werden Sie gut vorankommen.

Sie sollten sich in der Sache durchaus etwas vorwagen, denn Sie können auf Rückhalt zählen (nämlich auf das Recht) und das Risiko ist berechenbar, so dass mit Erfolg zu rechnen sein dürfte.

In jedem Fall werden Sie etwas erreichen für die Herausbildung Ihrer Persönlichkeit, auch indem Sie durch Erfahrung reifen.

(Der Passus ist für den Kontext nicht nötig.)

Hier ist nun also die klare Aufforderung gegeben, aktiv etwas in der Sache zu unternehmen, mit dem Willen, es auch durchzusetzen. Auf Position 3, die die Zukunft reflektiert, befindet sich das Rad:

Originaltext	Deutung
Eine Chance wird ausgelöst durch ein Zusammentreffen von Ereignissen, Umständen und Begegnungen.	Das Zusammentreffen von Ereignissen, Umständen und Begegnungen sollte sich als förderlich für die Sache erweisen und zum Gelingen beitragen. Noch etwas konkreter formuliert: Selbst wenn ein rechtlicher Anspruch auf eine bestimmte Geldsumme besteht, muss der Schuldner auch zahlungsfähig sein, sonst nützt alles wenig. Deshalb sind die Umstände hier als günstig zu bezeichnen.
Das bietet den Ansatz für eine glückliche Veränderung der Lebensumstände oder bringt eine unvorhergesehene Wendung im Leben.	Je nach zu erwartender Summe bestünde durchaus die Möglichkeit zur Veränderung der Lebensumstände. (Das war in diesem Beispiel aber nicht der Fall.)

Allerdings kann das Bild auch auf eine Lehre im Leben hinweisen. Wenn man eine Lektion nicht gelernt oder begriffen hat, heißt es: Bitte noch einmal von vorne. Wer sich zu sehr von der eigenen Mitte wegbewegt und schließlich am Rand des Rades hängt, kann eben auch aus dem Kreis herausgeschleudert werden. Deshalb sind echte Chancen im Leben auch nur solche, die man auch der Person entsprechend wirklich ausfüllen kann. Alles andere sind Scheinchancen, bei denen nur Lehrgeld zu entrichten ist, das andere kassieren. Übrigens: Finger weg von Glücksspielen wie „einarmige Banditen" und dergleichen.

(Der Passus musste in diesem Fall nicht berücksichtigt werden.)

Diese Deutung ermunterte den Fragesteller dazu, in einer für ihn recht leidigen Geldangelegenheit die Initiative zu ergreifen, um wieder an sein Geld zu kommen, was eine Zeit lang doch sehr in Frage gestellt war.

Der Weg des Thoth

Hinweis: Dieses Verfahren wird ausschließlich mit den 22 Großen Arkana durchgeführt!
Thoth war im Alten Ägypten der Gott der Schrift und der Weisheit und lehrte die Kunst der Rede. Er steht unter anderem für die Fähigkeit, die Dinge zu ordnen, zu differenzieren und dann in der Gesamtschau zu betrachten. Dieses Legeverfahren ist hervorragend geeignet, um sich in ein Thema zu vertiefen, denn die Antwort auf eine Frage wirft oft eine weitere auf. Man kann nach Belieben mit weiteren Fragen immer mehr ins Detail gehen. Sollte die Frage bereits mit der ersten Legung geklärt sein, dann brauchen Sie keine weitere Legung vorzunehmen. Wenn nicht, dann stellen Sie noch eine Frage. Dieses Legesystem eignet sich für die meisten Fragen. Gehen Sie jeweils folgendermaßen vor: Formulieren Sie Ihre Frage so

genau wie möglich, am besten schriftlich. Mischen Sie die Karten, heben Sie einmal ab und legen Sie das geteilte Päckchen in umgekehrter Reihenfolge wieder zusammen. Nehmen Sie das Päckchen in die rechte Hand und fächern Sie die Karten aus. Ziehen Sie nun aus diesem Fächer eine Karte heraus. Notieren Sie den Zahlwert, der sich aus der folgenden Aufstellung ergibt, und legen Sie die Karte zur Seite. Nehmen Sie nun die entsprechende(n) Karte(n) – von oben her gezählt – aus dem Päckchen heraus. Sie erhalten je nach der zuerst gezogenen Karte eine, zwei oder drei Karten als Antwort auf Ihre Frage.

I	= 1. Karte
II	= 2. Karte
III	= 3. Karte
IV	= 4. Karte
V	= 5. Karte
VI	= 6. Karte
VII	= 7. Karte
VIII	= 8. Karte
IX	= 9. Karte
X	= 1. und 10. Karte
XI	= 2. und 11. Karte
XII	= 3. und 12. Karte
XIII	= 4. und 13. Karte
XIV	= 5. und 14. Karte
XV	= 6. und 15. Karte
XVI	= 7. und 16. Karte
XVII	= 8. und 17. Karte
XVIII	= 9. und 18. Karte
XIX	= 1., 10. und 19. Karte
XX	= 2., 11. und 20. Karte
XXI	= 3., 12. und 21. Karte

Beispiele: Man zieht die Kraft (XI). Dann werden die 2. und die 11. Karte von oben aus dem Päckchen herausgezählt. Beim Wagen (VII) ist es nur die 7. Karte, bei der Sonne (XIX) sind es die 1., 10. und 19. Karte.
Die zuerst gezogene Karte kann, muss aber nicht mit zur Deutung herangezogen werden. Wenn sich aus Ihrer Frage eine weitere ergibt, dann mischen Sie die Karten wieder neu und gehen Sie wie angegeben vor.

Eine Sonderfunktion hat die Karte der Narr (0): Sowie diese Karte erscheint, ist die Legung beendet. Und zwar unabhängig davon, ob sie gezogen oder herausgezählt worden ist. Die Aussage lautet dann nämlich: Bleiben Sie ab diesem Punkt offen für neue Möglichkeiten! Man kann das jedoch auch zum Anlass nehmen, an dieser Stelle die Karten zu befragen, welcher tiefere Sinn sich dahinter verbirgt.

Beispiel 1

Heiko will wissen, warum ihn seine Frau verlassen hat, denn er kann es nicht begreifen, geschweige denn es sich erklären.

Er zieht die Karte der Herrscher (IV) und als 4. Karte zählen wir den Tod (XIII) heraus.

In diesem Zusammenhang besagt die Karte Tod, dass die Beziehung zu einem natürlichen Ende gekommen ist und es keine Möglichkeit einer weiteren Entwicklung gegeben hätte. Die Ursache ist in diesem Fall in der gezogenen Karte zu suchen. Ein Herrscher, der seine Macht missbraucht, darf sich nicht wundern, wenn das Volk ihm den Rücken kehrt – das war es, was im übertragenen Sinne stattgefunden hatte. Die Ursachen liegen in Heikos Person und in seinem selbstherrlichen Auftreten und Verhalten gegenüber seiner Frau begründet. Es war zu dem Punkt gekommen, an dem ein Schlussstrich notwendig geworden war. Heiko will das so natürlich nicht einsehen. Wer lässt sich schon gern vorhalten, dass die Schuld, besser Verantwortung, bei ihm selbst zu suchen ist.

Anstatt nun eine fruchtlose Diskussion darüber zu führen, lasse ich ihn, auch im Vertrauen auf den Tarot, eine weitere Karte aus dem verbleibenden Päckchen ziehen, unter der Maßgabe, dass diese Karte seinen wichtigsten Fehler in der Ehe aufzeigen würde. Er zieht den Hohepriester. Da sich die Karte hier auf einen Fehler bezieht, müssen die Aspekte des Bildes unter dieser Voraussetzung und mit Bezug auf die bisherigen Karten gesehen werden. Zuerst lässt sich anführen, dass Heiko ein falsches, ja überholtes Verständnis der Traditionsrollen hat, zum Beispiel ist er der Meinung: „der Mann hat das Sagen und die Frau hat sich zu fügen". Güte und Verständnisbereitschaft waren bei ihm nur so lange vorhanden, wie die Frau sich brav untergeordnet hatte. Er hatte den Rahmen für die Beziehung zu eng nach seinen konventionellen Vorstellungen gesetzt und damit der Beziehung die Luft zum Atmen abgeschnürt.

Mir sagen die Karten in Verbindung mit der starren Haltung Heikos auch, dass er noch keine wirkliche Einsichtsfähigkeit in die eigene Verantwortung entwickelt hat. Es muss vorerst genügen, ihn mit diesem Punkt zu konfrontieren, damit er beginnen kann, sich damit selbst zu beschäftigen. Zu mehr als einem Anstoß in die Richtung ist er einfach nicht bereit. Und durch die Befragung des Tarot wird genau dieser Anstoß erreicht: Dieser zunächst noch selbstherrlich auftretende Mensch wird nachdenklich, und das bedeutet für ihn schon eine gewaltige Veränderung, denn er spürt, dass er sein bisheriges Weltbild in der Zukunft völlig umkrempeln muss.

Beispiel 2

Peter will wissen, in welche Richtung er seine beruflichen Ambitionen verfolgen könnte.

Er zieht das Rad (X) und herausgezählt wird als 1. Karte die Welt (XXI) sowie als 10. Karte die Liebenden (VI).

Die Welt besagt in diesem Zusammenhang, dass er zunächst sein anstehendes Projekt abschließen muss, um daraus noch Erträge – auch substanzieller Art in Form von Honorar usw. – mitzunehmen. Die Karte die Liebenden zeigt, dass er dann einen eigenen Weg wählen kann, der seinen Neigungen am besten entspricht. Es ist durchaus abzusehen, dass sich eine förderliche Begegnung ergibt, die seine Wahl positiv beeinflussen wird, indem er mit einer anderen Person ein gemeinschaftliches Projekt angeht. Die von ihm gezogene Karte, das Rad, besagt darüber hinaus, dass sein Lebensrad erneuten Schub und Schwung erhalten wird. Die grundlegende Situation und die Umstände werden sich so gestalten, dass ihm eine wirklich gute Chance geboten wird, um voranzukommen.

Die Karten lassen sich aber noch auf einer anderen Ebene deuten: Peter ist in einem Bereich tätig, in dem er bereits seine Erfüllung findet (die Welt). Doch sucht er immer wieder nach neuen Wegen, um seine Neigungen umzusetzen (die Liebenden). In diesem Zusammenhang besagt das Rad, dass er mitunter unermüdlich, sogar schon etwas rastlos in seinem Bereich engagiert ist. Um dies besser ausgleichen zu können, wäre es vorteilhaft für ihn, über einen Partner etwas mehr Linie und damit Ruhe einfließen zu lassen.

Beispiel 3

Heinz, 38, will sich Klarheit darüber verschaffen, ob es möglich ist, eine Bindung zu einer wesentlich jüngeren Partnerin (20) einzugehen. Seine Frage lautet: Wie sind die Aussichten für eine Bindung mit Diana?

Er zieht die Karte das Rad (X), herausgezählt werden der Eremit (IX) und der Magier (I).

Da der Eremit etwas ausdrückt, das fern vom weltlichen Trubel und für sich abgeschieden ist, und damit keine Karte für eine Bindung darstellt, liegt der berechtigte Gedanke nahe, dass zwischen beiden eine Distanz bestehen muss. Tatsächlich hat, wie sich herausstellt, noch gar kein direkter Kontakt zwischen ihnen stattgefunden. Auch der Altersunterschied von 18 Jahren sollte in diesem Zusammenhang nicht unterschätzt werden. Der Eremit ist gerade in Bezug auf Partnerschaft eine Karte, die zwar eine Bindung auf geistiger Ebene, aber kaum auf der Gefühlsebene darstellt. Zusätzlich agiert der Eremit für sich allein. Dies teilt er auch mit dem darauf folgenden Magier. Die Karte weist zwar auch auf die Möglichkeit, etwas zu gestalten und aus einer Sache etwas machen zu können. Doch ist keine Karte in der Legung, die einen echten Hinweis darauf erlauben könnte, dass es berechtigte Hoffnung für eine Bindung gibt. Beispielsweise hätte dies durch das Vorhandensein einer der folgenden Karten angezeigt werden können: die Liebenden oder die Entscheidung.

In solchen Fällen greife ich auch auf die gezogene Karte zurück, hier das Rad, und die sagt mir in diesem Zusammenhang, dass für Heinz das derzeit wichtige Thema Bindung noch in Bewegung ist. Das Rad dreht sich, und dahinter sollte sich eine besser passende Chance verbergen. Es wäre für Heinz besser, auf diesen richtigen Augenblick zu warten.

Nachdem ich Heinz diese Zusammenhänge dargelegt habe, kommt er zu dem Schluss bzw. der Einsicht, dass es wohl tatsächlich wenig Sinn für ihn machen würde, sich in dieser Angelegenheit zu engagieren, denn eine echte innere Bindung ist ihm wichtiger. Dank der Kartenlegung bekommt er Klarheit darüber, und das empfindet er als große Hilfe.

Nun will er natürlich noch gerne sehen, wie sich sein Wunsch nach einer Partnerin in nächster Zeit entwickelt. Dieses Mal ergeben sich folgende Karten: gezogen die Welt (XXI), herausgezählt der Stern (XVII), die Kraft (XI), der Herrscher (IV).

Der Stern weist eindeutig auf eine neue Perspektive in dieser Hinsicht, gleichzeitig besagt die Karte, dass sich hier eine Begegnung mit einer Frau abzeichnet, die seinem inneren Wesen sehr verwandt und verbunden sein wird. Doch wird es nicht sofort zur Verbindung kommen, nach dem Motto „Liebe auf den ersten Blick". Denn die Kraft besagt eher, dass beide sich erst nach und nach der Tiefe ihrer gegenseitigen Anziehung bewusst werden. Der Herrscher deutet darauf hin, dass es erst zur Bindung kommt, wenn Heinz bereit ist, sich den Pflichten und der Verantwortung für eine Partnerschaft zu stellen, das heißt auch seinen alltagstauglichen Teil in der Partnerschaft zu übernehmen und Partnerschaft nicht länger unter dem Aspekt eines Spiels aufzufassen. Der Stern als I. Karte besagt, dass er dahin gehend durchaus etwas zu romantisch-idealisierend veranlagt ist. Die Frau wird ihn indirekt lehren (über die Karte die Kraft), sich auch den (für ihn) etwas unangenehmen Seiten in einer Partnerschaft zu stellen, und er wird es von *ihr* auch annehmen. Schließlich besagt die Kraft auch, dass Heinz sich schon eine ebenbürtige und starke Partnerin vorstellt, die weiß, wie sie mit ihm umgehen kann.

Auch hier ist ein Blick auf die von Heinz gezogene Karte die Welt aufschlussreich. Sie besagt, dass es im Rahmen der Frage möglich sein wird, das gesteckte Ziel zu erreichen, dass der Wunsch sich auch zur inneren Zufriedenheit erfüllen wird.

Beispiel 4

Die 17-jährige Lena stellt die Frage, ob sie mit ihrem Freund schlafen solle. Ein Außenstehender mag darüber lächeln, doch für sie war es ein ganz ernsthaftes Problem. Diese Frage hat sehr viel mit Bewusstmachung und Bewusstwerdung zu tun. Der aufmerksame Leser wird schon bei der Frageformulierung gestutzt haben, denn das „soll" in der Frage lässt vermuten, dass es nicht unbedingt Lenas eigener Wunsch ist. Eher ist anzunehmen, dass der Freund sie möglicherweise dazu überreden oder drängen möchte.

Lena zieht die Karte die Mäßigung (XIV) und herausgezählt werden die Karten der Hängende (XII) und die Sonne (XIX).

Der Hängende sagt mir, dass es für Lena wirklich darum geht, zu prüfen und zu erkennen, was sie selbst will, um dann über die Karte die Sonne das Ergebnis reifen zu lassen, bevor sie zu einem Schritt bereit ist. Auch bestätigt mir der Hängende, dass Lena sich als ausgeliefert und einem leichten äußeren Druck ausgesetzt sieht. Sie ist sich darüber bewusst, dass das erste Mal für sie ein gewisses Opfer darstellt, das sie zu erbringen hat. Damit wird der Zusammenhang schon viel deutlicher: Es geht einerseits darum, ob sie dazu schon bereit ist, andererseits, ob es wirklich mit diesem Freund richtig ist. Auf der anderen Seite sieht es Lena auch so, dass es nach dem (für sie schmerzhaften) ersten Mal keine Schwierigkeiten mehr geben wird, diese „Spiele des Lebens" zu erleben und zu geniessen, was durch die Sonne aufgezeigt ist. Doch „das erste Mal" ist ein besonders sensibler Moment im Leben einer Frau, und so möchte Lena selbst bestimmen, wann, wie und mit wem es passiert. Wird noch die von Lena gezogene Karte die Mäßigung berücksichtigt, die in diesem Fall Lenas

Position zur Frage ausdrückt, dann besagt diese Karte, dass Lena der Sache eher zurückhaltend gegenübersteht und großen Wert darauf legt, dass man in diesem Zusammenhang sanft und rücksichtsvoll mit ihr umgeht.

Der taroterfahrene Leser wird an dieser Stelle gleich noch einen Schritt weiter denken, denn auf die Mäßigung (XIV) folgt der Teufel (XV). Unbewusst weiß Lena, dass dieser Schritt irgendwann unumgänglich für sie sein wird, schließlich träumt sie auch von Kindern. Doch Lena möchte eben sanft in diese Situation hineingleiten.

Im Verlauf unseres Gesprächs wird Lena sehr schnell bewusst, worum es ihr wirklich geht. Und so kann sie auch ihrem Freund deutlich machen, was ihr wichtig ist und dass er das bitte respektieren möge. Danach hat er sich dann ihr gegenüber viel verständnis- und liebevoller verhalten, denn seine Bindung zu Lena war ihm letztlich doch wichtiger. Da hat er ein kleines Opfer gebracht (der Hängende), um die Bindung reifen zu lassen (die Sonne). Auch hierin spiegeln sich letztlich die Tarotkarten wider. Das zeigt sehr schön, wie sich Karten auf verschiedenen Ebenen deuten lassen, oder umgekehrt: Die verschiedenen Ebenen liegen in Form der Karten verdichtet auf dem Tisch. Man mag einwenden, dass in diesem Fall die Karten eventuell sogar überflüssig gewesen wären. Doch hätte Lena sich nie so weit geöffnet und in sich schauen lassen, wenn die „neutrale" Instanz der Karten nicht mit im Spiel gewesen wäre. Da lag in Bildern auf dem Tisch, was sie im Inneren bewegte, und dem konnte sie sich nicht verschließen. Man kann mit wenigen Karten Fragen sehr tief gehend behandeln.

Das Begegnungs- oder Wege-Kreuz

Bei diesem Legeverfahren treffen sich zwei Wege in der Mitte. Was kann ich aus diesem Punkt machen?

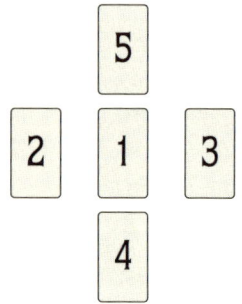

1: Stellt das Thema der Legung dar/
   Gegenwart
2: Da kommt es her/Vergangenheit
3: Da geht es hin/Zukunft
4: Da stehe ich/meine Grundlage
5: Das kann ich für mich daraus machen/
   daraus gewinnen

Für dieses Legeverfahren muss nicht zwingend vorher eine Frage gestellt werden. Das Thema, das in der Legung behandelt werden soll, wird durch die Karte auf Position I aufgezeigt. Eine konkrete Frage kann aber den Zugang zur Deutung erleichtern. Wenn es um Beziehungen geht, dann liegt das, was den Fragenden oder die Fragende selbst betrifft, auf der Achse der Positionen 4 und 5, was die Partnerin oder den Partner betrifft, liegt entsprechend auf der Achse der Positionen 2 und 3.

Beispiel 1

Georg stellt die Frage, was ihn mit Alena verbinde. Er äußert, dass er sie sehr mag, aber es sei für ihn keine Liebe und außerdem sei für ihn da auch keine besondere erotische Anziehung vorhanden. Er bezeichnet es als gute bis innige Freundschaft. Doch irgendwie habe es immer wieder einige seltsame Zufälle gegeben, wie er es ausdrückt, weshalb er dahinter doch etwas Tieferliegendes vermute. Er zieht diese Karten:

I: Der Stern (XVII)
2: Die Hohepriesterin (II)
3: Der Mond (XVIII)
4: Der Magier (I)
5: Das Rad (X)

Der Charakter der Verbindung ist dargestellt durch den Stern auf Position I. Zwischen beiden herrscht eine Wesensverwandtschaft, ja er sieht in Alena so etwas wie eine ideale Frau, doch so ideal, dass er sie schon etwas zu sehr auf einen Sockel hebt und sie für ihn unerreichbar macht. Im Klartext: Alena stellt für Georg eine Art Traumfrau dar. Sie selbst ist in der Legung durch die Hohepriesterin beschrieben, die eine gewisse Distanziertheit, sogar Entrücktheit ausstrahlt. Und dieses an ihr etwas unnahbar Wirkende erleichtert es Georg, sie auf ein Podest zu heben, sie als „strahlenden Stern" hinzustellen, den er tief im Inneren gar nicht erreichen möchte. Was hier zunächst sinnlos erscheint, wie das Mädchen im Bild des Sterns scheinbar sinnlos Wasser wieder in den See zurückgießt, beinhaltet doch einen Sinn. Das lässt der Magier auf Position 4 erkennen. Alena ermöglicht es, dass Georg durch sie lernt und erfährt, wie er sein Bild der Frau in sich neu gestalten muss. In dieser Hinsicht muss er sich noch besonders seiner eigenen Verantwortung bewusst werden.

Beziehen wir nun das Rad oberhalb des Sterns in die Deutung mit ein, dann liegt in der Tat eine „schicksalhafte" oder, wie andere sagen würden, „karmische" Begegnung vor, die das Leben beider verändern und in eine andere Richtung bringen wird. Beide sind aufgefordert, durcheinander etwas zu lernen.

Nun liegt natürlich die Frage nahe, ob es einen gemeinsamen Weg geben wird. Dazu werfen wir einen Blick auf die Achsen der Positionen 2 und 3 (Alena) sowie 4 und 5 (Georg). Alenas Achse endet mit dem Mond, einer in Bezug auf Partnerschaften sehr ambivalenten Karte, die an sich nichts direkt über die Qualität einer Partnerschaft aussagt. Vielmehr weist sie darauf hin, dass Alena sich selbst wohl aktuell in einer Situation befindet, die für sie noch mit vielen Unwägbarkeiten gekennzeichnet ist, oder gar in einer Krise, deren Auflösung noch nicht abzusehen ist. Natürlich wäre es für Georg nun sehr leicht, diese Situation auszunutzen, um sich für sie als Retter in der Krise zu beweisen. Er würde, wie der heilige Georg, den Drachen ihrer Krise für sie überwinden und sie daraus befreien und könnte sich dann ihr gegenüber als der strahlende Held darstellen. Damit stünde er dann auch auf einem Podest.

Das wäre zunächst eine Möglichkeit, die durch den Magier auf Georgs Achse durchaus möglich ist. Er würde dann wohl aus Dankbarkeit ihre Zuneigung gewinnen, nicht jedoch ihr Herz. Dieser Aspekt ist nämlich gar nicht in der Legung vertreten! Das wäre zum Beispiel mit der Karte die Liebenden oder mit der Sonne auf Position 1 der Fall gewesen. Auch endet Georgs Achse in der Karte das Rad und weist daher nicht unbedingt in die Richtung auf einen gemeinsamen Weg mit Alena, da das Rad Bewegung und Veränderungen anzeigt, selbst wenn die Begegnung mit Alena an sich schon für beide wichtig und bedeutsam gewesen ist. Beide werden aus ihrer Freundschaft heraus etwas für sich gewonnen haben und sollten sich eher davor hüten, unter solchen Voraussetzungen einen gemeinsamen Weg zu beschreiten.

Auch dieses Beispiel zeigt, wie man die Karten auf mehreren Ebenen deuten kann. Die Frage stellt den Ausgangspunkt dar und wird unter den verschiedenen Blickwinkeln betrachtet. Außerdem wird deutlich, dass es auch wichtig ist zu erkennen, welche Karten *nicht* erscheinen.

Beispiel 2

Die Fragende hat sich auf eine Beziehung eingelassen und will etwas über die Chancen dieser Beziehung wissen. Sie zieht folgende Karten:

1: Der Mond (XVIII)
2: Der Hohepriester (V)
3: Der Teufel (XV)
4: Der Stern (XVII)
5: Der Hängende (XII)

Auch hier steht wieder die Karte auf Position 1 für den Charakter der Verbindung. Der Mond ist im Zusammenhang mit Partnerschaft, wie bereits im vorangehenden Beispiel angedeutet, als sehr ambivalent anzusehen. Zwar kann er eine besonders tiefe Verbindung anzeigen, aber auch eine Verbindung, die völlig nebulös, sogar irregeleitet und ohne Substanz ist. Erst die umliegenden Karten geben hier Auskunft, wie der Mond zu werten ist.

Betrachten wir zuerst die Achse des Partners: der Hohepriester und der Teufel. Beide Karten bilden eine extreme Polarität und weisen ihn als eine in sich sehr zerrissene und damit labile Persönlichkeit aus. Ihre Achse mit dem Stern und dem Hängenden ist etwas stabiler, doch neigt sie sehr dazu, zugunsten ihres Partnerideals Opfer zu bringen. Ein Partner stellt für sie einen wichtigen Orientierungspol dar und das vermittelt ihr Halt. Das kann jedoch ihr jetziger Partner nur in Teilbereichen wirklich vermitteln, weil er sehr labil ist. So ist sie selbst zunächst mit großen Hoffnungen (der Stern) die Beziehung eingegangen und hat sehr große Erwartungen, weil er sich zunächst durchaus überzeugend eingebracht hat (der Hohepriester), eben seine Schokoladenseite dargeboten hat.

Und dennoch, im Zentrum liegt der Mond, der auf eine große Unsicherheit und Unklarheit hinweist. Die Karten der Hängende und der Teufel weisen für diese Beziehung in eine Richtung, die sehr problematisch sein wird. Auch wenn der sexuelle Aspekt der Beziehung den Karten zufolge durchaus günstig ist (der Teufel), lässt sich darauf allein keine langfristige und funktionierende Partnerschaft aufbauen. Wenn der Alltag beide wieder abholt, stellt sich alles anders dar, und dann wird sie sich eher seine unangenehmen Seiten gefallen lassen als umgekehrt. Seine innere Zerrissenheit wird er auf sie lenken, indem er dann Druck und Zwang ausübt.

Nach diesen Eindrücken ergibt sich für den Mond in diesem Fall leider eine wenig günstige Aussage für die Partnerschaft. Es wird für die Fragerin zwar kein Leidensweg, doch ein Weg mit heftigen Prüfungen und Schwierigkeiten werden, wenn sie nicht rechtzeitig aussteigt, also den Hängenden auf ihrem Weg umsetzt, indem sie nämlich von diesem Partner bald loslässt.

Dieses Beispiel ist sehr lehrreich. Über den Tarot können auch Dinge aufgezeigt werden, die der oder die Betreffende eigentlich gar nicht so zur Kenntnis nehmen möchte. Die Fragende war mit der Absicht in die Beratung gekommen, sich von den Karten bestätigen zu lassen, dass die Beziehung gut für sie ist. Nun war leider das Gegenteil angezeigt. Das ist für den Deuter eine etwas undankbare Situation, zumal wenn seitens der Fragenden bereits eine derart feste, vorgefasste Absicht besteht.

Tatsächlich wollte sie nicht auf meinen Rat hören. Aus ihrem Bekanntenkreis erfuhr ich später, dass sich die Beziehung für sie immer belastender entwickelte. Etwa zwei Jahre später rief sie mich an und gestand ziemlich kleinlaut ein, dass die Legung doch richtig gewesen war und sie nun froh sei, endlich aus der Beziehung herausgekommen zu sein.

Das Tau-Kreuz

Das ägyptische Tau-Kreuz ist Sinnbild für das Leben und Schlüssel zu höchster Macht, verborgenen Geheimnissen und Weisheit. Diese Kreuzform findet sich beispielsweise auch im Mithras-Kult.

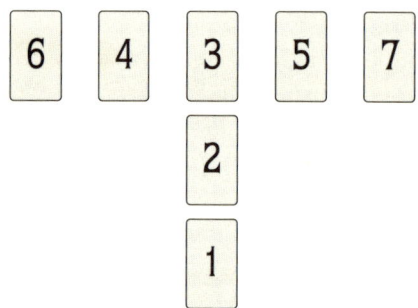

Für dieses Legeverfahren muss nicht zwingend vorher eine Frage gestellt werden. Das Thema, das in der Legung behandelt werden soll, wird durch die Karte auf Position 3 erklärt. Eine direkte Frage kann aber den Zugang zur Deutung erleichtern. Die Grundlage bzw. Ursache wird durch die Karten auf den Positionen 1 und 2 sowie 4 und 6 beschrieben. Diese zwei Wege münden in Position 3. Die Karten auf den Positionen 5 und 7 zeigen, was sich unter den gegebenen Umständen daraus entwickelt oder machen lässt. Außerdem empfiehlt es sich, zu schauen, ob sich Verbindungen zwischen den Karten auf Position 1 und 6 sowie 4 und 2 herstellen lassen.

Beispiel

Heiko, 36, ist Junggeselle. Mit Frauen sei es im Hinblick auf eine feste Partnerschaft „immer etwas dumm gelaufen". An sich hat er einen Punkt erreicht, an dem er am liebsten die Nächstbeste vom Fleck weg heiraten würde, nur um sich in einer festen Bindung zu befinden, zumal er sich vor einiger Zeit mal wieder in die „Falsche" verliebt hat. Seine Frage an das Orakel lautet: „Inwieweit besteht eine berechtigte Hoffnung, doch noch einer passenden Partnerin zu begegnen?" Er zieht folgende Karten:

1: Der Eremit (IX)
2: Der Hängende (XII)
3: Die Herrscherin (III)
4: Der Tod (XIII)
5: Die Sonne (XIX)
6: Der Stern (XVII)
7: Die Entscheidung (XX)

Das grundlegende Thema Bindung zu einer Frau ist durch die Karte die Herrscherin gut getroffen, denn es geht ihm auch um das Gefühl von Geborgenheit, Nähe und Wärme, das er selbst einer Partnerin ebenfalls gut vermitteln kann. Die Abfolge der Karten der Stern und der Tod zeigt in diesem Zusammenhang, dass Heiko sich vom Idealbild einer Partnerin erst radikal trennen und verabschieden muss. Andersherum ausgedrückt: Seine Traumfrau wäre genau die falsche Frau für ihn. Die Abfolge der Karten der Eremit und der Hängende weist darauf hin, dass er dazu neigt, sich zu sehr zurückzuziehen, nach der Devise: lieber keine als die Falsche.
Im Falle dieser Beratung ging es darum, diese Bestandsaufnahme in positive Appelle und einen kleinen Vortrag umzuwandeln, damit Heiko einsah, was er selbst zunächst ändern musste, um überhaupt erst Voraussetzungen für eine funktionierende Bindung zu schaffen. Dann erst wurde auf die Karten auf Position 5 und 7 eingegangen. Der Vortrag lautete sinngemäß so: „Die Höhle auf dem Bild des Eremiten stellt bislang deinen Rückzugsort dar, der dir Sicherheit bietet. Dahin ziehst du dich zurück, wenn du nicht die nach deiner Vorstellung richtige Frau getroffen hast. Dann befindest du dich immer in deiner zwar kleinen, aber doch heilen Welt. Und je länger du dich darin aufhältst, desto mehr träumst du von deiner Idealfrau (der Stern). Wenn du nun ein kleines Opfer (der Hängende) bringst und die sichere Höhle verlässt, dich mit offenen Augen mehr unter Menschen

begibst, wirst du deine Vorstellung von der Idealfrau sehr schnell transformieren (der Tod). Die Bandbreite des Lebens ist nämlich größer, als du dir das in deiner kleinen Höhle vorstellen kannst. Dann fällt es dir kaum noch schwer, dich von deinem alten Bild einer Idealfrau zu verabschieden (der Tod), weil das Leben dich so schnell einholt und du merken wirst, wie nett und interessant Frauen sind, die du bisher gar nicht wahrnehmen wolltest. Und auf einmal entsteht in dir Platz für Neues, denn erst wenn dieser Platz frei ist (der Tod), kann die passende Frau wirklich in dein Herz hinein.

Das ist ein Reifeprozess, wie er durch die Karte die Sonne angezeigt ist. Dann bist du bereit für eine Begegnung, die dich schließlich zu der Gewissheit führt (die Entscheidung), dass dies die Richtige sein wird. Sie wird nämlich deinen tieferen Vorstellungen entsprechen und nicht den vordergründigen, die du dir bislang in deiner kleinen Höhle des Eremiten ausgemalt hast."

An diesem Beispiel kann man gut sehen, dass die Tarotkarten schon sagen, welchen „Vortrag" ich als Deuter zu halten habe. Aber Vorsicht! Es geht darum, das Leben des Fragenden in den Tarotbildern zu finden, und *nicht* darum, einen Vortrag nach Buchwissen zu halten!

Das Keltische Kreuz

Das Keltische Kreuz (auch Großes Kreuz genannt) ist ein klassisches Legeverfahren und findet sich in fast jedem Buch zum Thema Tarot. Das Auslegen der Karten erfolgt nach diesem Legemuster:

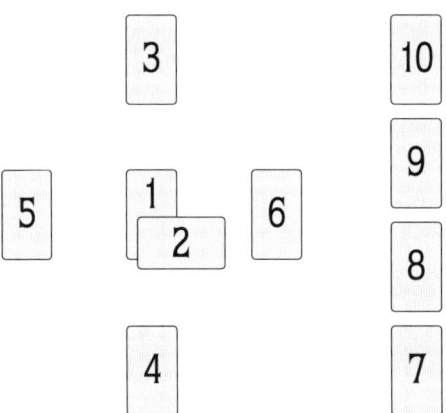

Die Positionen haben folgende Bedeutung, womit ein Rahmen bzw. eine Richtung für die Deutung angegeben wird (in Anführungszeichen jeweils die klassischen Aussprüche):

1: „Das deckt Sie" – zeigt, was Sie bewegt oder beschäftigt, also Thema, Problemstellung oder Ausgangssituation für die Legung. In dieser Situation befindet sich die fragende Person.

2: „Das kreuzt Sie" – das steht Ihnen im Wege oder bringt Sie auf einen anderen Weg.

3: „Das krönt Sie" – das Ziel oder Ideal, das Sie anstreben. Das wollen Sie erreichen oder bezwecken.

4: „Das liegt unter Ihnen" – die Grundlage, Grundsituation, Grunddisposition, das Fundament, auf dem Sie stehen.

5: „Das liegt hinter Ihnen" – die Vergangenheit. Was aus der Vergangenheit jetzt noch wichtig ist oder zu der jetzigen Situation geführt hat.

6: „Das liegt vor Ihnen" – die Zukunft. Was nächstens erreicht wird.

7: Fasst die bisherigen Karten zusammen und bildet die Voraussetzung für die folgenden. Einstellung oder Haltung der fragenden Person.

8: Zeigt, welchen Bezug das Umfeld (z. B. Freunde, Familie, Heim usw.) zur fragenden Person hat.

9: Hoffnungen oder Befürchtungen (je nach Karte, die dort liegt). Das noch Unbekannte, das einen Einfluss ausüben kann. Gar nicht selten ist das, was wir erhoffen, zugleich das, was wir befürchten, so dass die Karte auf dieser Position durchaus diese beiden (scheinbar) konträren Seiten gleichzeitig ausdrücken kann. Wenn das der Fall ist, dann ist die Karte auf dieser Position es wert, dass man einmal intensiver darüber nachdenkt, warum man Angst vor dem hat, was man sich eigentlich wünscht.

10: Das Ergebnis. Diese Karte fasst alle vorangegangenen zusammen. Bei der Deutung sollte man daher auch den Bezug zu diesen herstellen.

Es gibt zwei grundsätzliche Wege, um an die Deutung des Keltischen Kreuzes heranzugehen:

1. Die Karten werden verdeckt (Bildseite nach unten) ausgelegt und dann Karte für Karte umgedreht und gedeutet.

2. Die Karten werden gleich offen (Bildseite nach oben) ausgelegt, um sich zuerst einen Überblick über das Gesamtbild zu verschaffen, und dann nacheinander gedeutet.

Persönlich halte ich den zweiten Weg für vorteilhafter, weil er die Möglichkeit bietet, freier und intuitiver an die Gesamtdeutung heranzugehen. Ich muss mich nicht so streng an die Abfolge der Karten halten, sondern kann der Intuition folgen, die mir den Weg weist.

Der Spiegel der Isis

Isis war eine ägyptische Göttin, deren Kult sich auch im antiken Griechenland und Rom großer Beliebtheit erfreute. Das Legebild für die Reihenfolge der Karten:

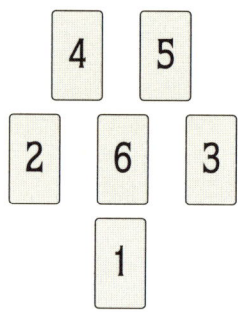

Die 6. Karte ist zunächst verdeckt, also mit dem Bild nach unten auszulegen und erst dann umzudrehen, wenn die anderen Karten gedeutet worden sind. Oder sie wird erst gezogen, nachdem die ersten 5 Karten bearbeitet sind. Es ist wichtig, dass diese Karte erst am Schluss in das Kartenbild aufgenommen wird. Die Positionen haben folgende Bedeutung:

1: Das halte ich in der Hand
2: Das könnte ich übersehen
3: Das fördert mich
4: Das beabsichtige ich/möchte ich erreichen
5: Das zeigt Grenzen auf
6: Das ist der nächste Schritt für mich

Die sieben Stationen des Anubis

Hinweis: Für dieses Legeverfahren empfiehlt es sich, nur die Großen Arkana zu verwenden.
Anubis war in der ägyptischen Mythologie der Gott der Unterwelt. Als Psychopompos geleitete er die Seelen nach deren Tod. Das Legebild sieht so aus:

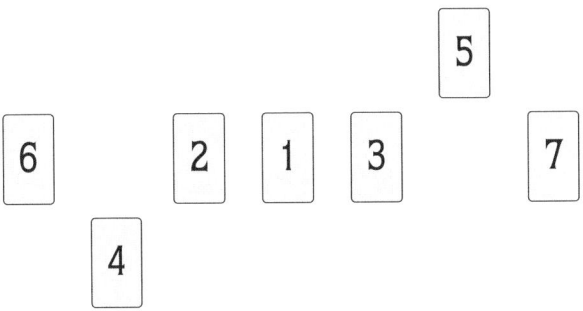

Die einzelnen Positionen werden folgendermaßen gedeutet:

	Bereich der Welten	*praktischer Bereich*
1:	Der Ausgangspunkt	um dieses Thema oder Problem geht es
2:	Der Eintritt in die Unterwelt	die Ursache des Problems
3:	Die Hilfe der Oberwelt	die kleine Förderung
4:	Die Hürde der Unterwelt	der kleine Widerstand
5:	Die Förderung der Oberwelt	die große Förderung
6:	Der Endpunkt der Unterwelt	der große Widerstand
7:	Das Hervortreten bei Tag	die Auflösung

Der linke Teil des Legebildes betrifft die dunkle Seite, also auch den Bereich des Verdrängten, des Unkontrollierbaren usw. Der rechte Teil des Legebildes bezieht sich auf die bewusste Seite. Beachten Sie bei der Auswertung auch die polaren Positionen von 2 zu 3, 4 zu 5 und 6 zu 7: Wie verhalten sich die Bilder auf diesen Positionen zueinander?

Der etwas erfahrenere Leser sollte mit diesem Verfahren gut zurechtkommen, andere werden es irgendwann später (wieder) entdecken.

I Ging –
Das Buch der Wandlungen

Geschichte und Grundgedanken

Das I Ging ist das wohl älteste erhaltene Weisheits- und Orakelbuch der Menschheit. Es wird ein Alter von mehr als 3000 Jahren vermutet. Die Entstehung des Buches geht auf König Wen (1231–1135 v. Chr.) zurück. Er soll es während seiner Gefangenschaft unter dem Tyrannen Dschou Sin geschrieben haben, so dass im Urtext alle Urteile (Deutungen) sehr unter dem Aspekt der Vorsicht formuliert sind. In der archaisch anmutenden Sprache des I Ging heißt dies beispielsweise: „ohne Makel sein und dadurch den Erfolg erringen".

Die Grundidee des I Ging basiert auf den polaren Kräften von Yin und Yang, den beiden schöpferischen Grundkräften des Kosmos, die sich unter anderem im weiblichen und männlichen Prinzip widerspiegeln. Yang steht für das Licht, Festes, Aktives, Geschlossenes und Bejahendes, Yin für Dunkel, Empfangendes, Offenes und Verneinendes. Durch die Polarität und Vermischung dieser beiden Kräfte entsteht Bewegung im Kosmos, gibt es Entwicklung, Weg und Sinn gleichermaßen – das Tao oder Dhao. Entsprechend stellt das I Ging, das bezeichnenderweise das „Buch der Wandlungen" genannt wird, einen Wegweiser dar, um sich mit dem Fluss des Dhao in Einklang zu bringen und dem Dhao zu folgen.

Aus der Teilung und Verbindung von weiblichem Yin (dargestellt durch eine unterbrochene Linie: – –) und männlichem Yang (dargestellt durch eine durchgehende Linie: —) vervielfältigen und vermischen sich diese Kräfte. Auf der zweiten Stufe bilden sich unter Verdoppelung der Linien starkes (⚌) und schwaches Yang (⚏) und entsprechend starkes (⚍) und schwaches Yin (⚎). Die dritte Stufe entsteht, indem sich 1. und 2. Stufe erneut verbinden und vermischen. So ergeben sich acht verschiedene Kombinationen mit je drei Linien, die sogenannten Trigramme – acht sinnbildliche Grundkräfte, die sich im Leben und in den vielfältigen Erscheinungsformen des Lebens widerspiegeln: in der Natur wie in der Welt der Menschen, in der Familie. Die Trigramme stehen für entsprechende Bilder.

Die acht Trigramme

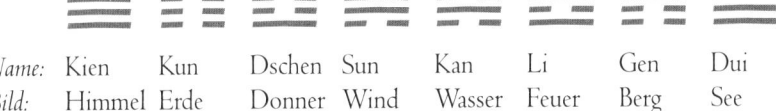

Name:	Kien	Kun	Dschen	Sun	Kan	Li	Gen	Dui
Bild:	Himmel	Erde	Donner	Wind	Wasser	Feuer	Berg	See

Die Charakteristik der acht Trigramme

Name	zugehörige sinnbildliche Entsprechung			
Kien	das Schöpferische	Himmel	Vater	Stärke
Kun	das Empfangende	Erde	Mutter	Hingebung
Dschen	das Erregende	Donner	ältester Sohn	Bewegendes
Sun	das Sanfte	Wind	älteste Tochter	Eindringendes
Kan	das Abgründige	Wasser	mittlerer Sohn	Gefahrvolles
Li	das Haftende	Feuer/Flamme	mittl. Tochter	Leuchtendes
Gen	das Stillehalten	Berg	jüngster Sohn	Ruhendes
Dui	das Heitere	See	jüngste Tochter	Freudiges

Diese acht Trigramme sind die Grundbausteine des I Ging. Aus der Kombination von je zwei Trigrammen (einem unteren und einem oberen Trigramm) setzen sich insgesamt 64 Hexagramme mit je sechs Linien zusammen. Ein Beispiel: Das obere Trigramm Dschen, das Erregende, und das untere Trigramm Kan, das Abgründige, bilden zusammen das Hexagramm Nr. 40, die Befreiung. Zu diesem Sinnbild sagt Richard Wilhelm: „Donner und Regen erheben sich: das Bild der Befreiung. So verzeiht der Edle Fehler und vergibt die Schuld." In der ergänzenden Erklärung weist er auf die Parallele zur „luftreinigenden Wirkung" der Naturerscheinung des Gewitters: Spannungszustände werden schnell und direkt aufgelöst und eine befreiende Klarheit wird herbeigeführt.

Dieses Beispiel erlaubt einen kleinen Einblick in die archaische Vorstellungswelt des I Ging und veranschaulicht, wie die Deutungen der Hexagramme aus den Konstellationen und (Sinn-)Bildern der Trigramme entwickelt worden sind. Im Kapitel „Die Befragung des I Ging" (Seite 100) werden wir in die Praxis einsteigen. Dort erfahren Sie auch, wie Sie zu einem bestimmten Hexagramm kommen.

Vom Grundhexagramm zum Kernhexagramm

Die dynamische Struktur des I Ging führt aus dem ermittelten Hexagramm (das hier der leichteren Unterscheidung halber Grundhexagramm genannt werden soll) zum Kernhexagramm. Anders gesagt: Über jedes Grundhexagramm kommt man zu einem Kernhexagramm. Wenn man also das I Ging befragt und ein bestimmtes Grundhexagramm als Antwort erhält, dann beschreibt das Kernhexagramm, das zu diesem Grundhexagramm gehört, das, was in der Frage steckt, was aber noch verborgen ist. Es bereitet sich jedoch bereits vor und weist dementsprechend weiter nach vorn, dorthin, wo die Entwicklung hinführt. Damit ergeben sich zusätzliche Aspekte, die zu beachten sind.

An folgendem Beispiel soll verdeutlicht werden, wie man von einem Grundhexagramm zu einem Kernhexagramm gelangt. Nehmen wir wieder das bereits bekannte Hexagramm Nr. 40, die Befreiung. Man entfernt davon die oberste und die unterste Linie (in der Abbildung sind diese beiden Linien in Klammern). Von den verbleibenden vier Linien bilden die oberen drei (in der Abbildung gekennzeichnet mit a, b und c) sowie die unteren drei (d, e und f) je ein neues Trigramm. Diese beiden Trigramme bilden zusammen das neue, das Kernhexagramm, in diesem Beispiel Hexagramm 63, nach der Vollendung.

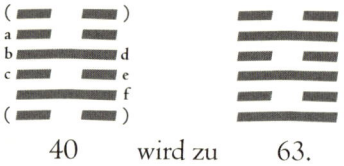

40   wird zu   63.

Aus den Texten zu den beiden Hexagrammen (Seiten 94 und 100) können Sie ersehen, wie beide recht logisch aufeinander folgen: In Hexagramm 40 geht es um die spürbare Verbesserung der Situation und es weist auf die Möglichkeit hin, Versäumtes nachzuholen und zu bereinigen, was dann zur „Vollendung" in Hexagramm 63 führt. Natürlich ist der Zusammenhang zwischen Grund- und Kernhexagramm nicht immer so leicht ersichtlich. Es kommt jedoch nicht darauf an, sich nur theoretisch durch Hexagramme zu bewegen, sondern darauf, im Leben dorthin zu gelangen, was die Hexagramme aufzeigen, also die gebotene Orientierungshilfe aufzugreifen und auch umzusetzen

Im „Rad des I Ging" (Seite 143) können Sie auf einen Blick sehen, zu welchem Kernhexagramm ein jedes Grundhexagramm führt. Die Richtung weist immer zum Zentrum, nämlich auf eines der vier zentralen Hexagramme 1, 2, 63 und 64. Zum Beispiel: Hexagramm 30 führt zum Kernhexagramm 28, das selbst zum Kernhexagramm 1 weist. Die Bewegung Ihrer Frage strebt also zum Hexagramm 1.

Es sind nur 16 Hexagramme als Kernhexagramme möglich, wohingegen die übrigen 48 Hexagramme nicht über diese Eigenschaft verfügen. Von den 16 Kernhexagrammen bilden 4 Hexagramme jeweils End- bzw. Zielpunkte einer Entwicklung: 1, 2, 63 und 64. Anders ausgedrückt: Das Rad ist in zwei Hälften sowie in vier Quadranten unterteilt. Jeder Quadrant steht unter der Herrschaft eines Hexagramms (1, 2, 63 oder 64).

Achtung: Jedes Hexagramm führt zu einem weiteren, mit Ausnahme von 1, das Schöpferische, und 2, das Empfangende. Diese beiden stehen nicht miteinander in Verbindung. Vielmehr sind sie zwei in sich selbst stabile Zustände mit ihrer jeweils eigentümlichen Qualität. Sie bilden wirklich polare Endpunkte in einer Entwicklung und weisen daher auf Kontinuität und Vollendung im Hinblick auf wirklich bedeutende größere Zusammenhänge. Kommen Sie hingegen zum Kernhexagramm 63, dann wird dies zu 64 und wieder zu 63 und umgekehrt. 63 und 64 sind jeweils das Kernhexagramm des anderen. Ihre aktuelle Frage zielt auf einen Prozess stetigen Wandels: Es bleibt alles im Fluss. So findet sich in der unteren Hälfte des Rades viel Bewegung „im Kleinen". Es geht um Dinge, die oft unscheinbar sind und doch Aufmerksamkeit fordern. Dabei handelt es sich häufig um wichtige kleine Zwischenschritte auf dem Weg der fragenden Person.

Sie wissen also mit dem „Rad des I Ging" sofort, in welche Richtung und in welchem Rahmen Sie sich bewegen und welche Schritte noch zu leisten sind. Sie erfahren gleich, ob etwas direkt und für den Augenblick (in der unteren Hälfte) oder auch längerfristig (in der oberen Hälfte) wichtig ist. Noch einmal zurück zu unserem Beispiel-Hexagramm 40, die Befreiung: Im „Rad des I Ging" finden Sie es im unteren rechten Quadranten, und es führt zum Kernhexagramm 63. Lesen Sie zuerst den Text zu Hexagramm 40 und danach den zu Hexagramm 63. Beides zusammen ergibt die Antwort. Und da wir es mit der unteren Hälfte des Rades zu tun haben, wissen wir sofort, dass wir uns Herausforderungen im Kleinen stellen müssen, uns mit Kleinigkeiten beschäftigen, die oft mehr aufhalten, als wir es wahrhaben möchten, doch geht es immerhin spürbar voran. Außerdem wissen wir, dass in der unteren Hälfte des Kreises an sich viel in Bewegung ist, was eher Fortschritte im Kleinen bringt.

Die 64 Hexagramme des I Ging

Die folgenden Deutungstexte zu den 64 Hexagrammen beschreiben in konzentrierter Form das Wesen einer Situation und die Empfehlung, wie mit der Situation umzugehen ist. Sie werden schon sehr bald Ihren konkreten Lebenszusammenhang im Text wiederfinden und dann Ihren eigenen Kommentar daraus ableiten. Dabei werden Ihnen auch die Befragungsbeispiele ab Seite 103 helfen. Die mit * gekennzeichneten Hexagramme gehören zur Gruppe der Kernhexagramme.

*1 Das Schöpferische

Sie können kraftvoll Ihre Vorhaben verfolgen und mit Erfolg rechnen. Bleiben Sie beharrlich, dann sind die Vorteile auf Ihrer Seite und Sie können die Entwicklung von etwas Neuem zu Ihren Gunsten, zu Ihrem Vorteil voranbringen.

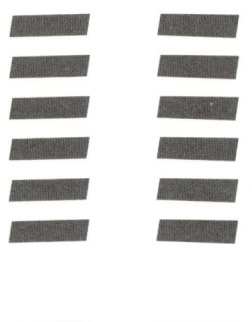

*2 Das Empfangende

Das ist die Resonanz auf 1, das Schöpferische. Seien Sie bereit, etwas anzunehmen oder etwas auf sich zukommen zu lassen. Jetzt ist es unklug, etwas zu unternehmen oder selbst die Initiative zu ergreifen. Besser ist es zu folgen oder sich einer Gemeinschaft oder Gruppe anzuschließen.

3 Die Anfangsschwierigkeit

Derzeit lassen sich Vorhaben nicht direkt weiterverfolgen. Lassen Sie sich dadurch nicht von Ihrem eigentlichen Kurs abbringen, sondern versuchen Sie zu delegieren oder die Unterstützung anderer für Ihr Vorhaben zu gewinnen.

4 Die Jugendtorheit

Das Orakel lässt sich nicht wegen derselben Frage mehrfach in Anspruch nehmen, selbst wenn Sie die Frage anders stellen oder gar tricksen wollen – Sie tricksen nur sich selbst aus. Ihre eigenen Zweifel stehen Ihnen jetzt im Wege. Solange Sie sich derart vor Ihrer eigenen Wahrheit verschließen, dürfen Sie auch von anderen bzw. vom Orakel wenig Hilfe erwarten! Der Neugierige sucht den Weisen auf und nicht umgekehrt.

5 Das Warten (die Ernährung)

Lassen Sie sich jetzt und in der nächsten Zeit nicht von unnötigen Sorgen oder Nöten plagen. Sorgen Sie besser für Ihr eigenes Wohlbefinden und sammeln Sie in gelöster Stimmung Kraft, damit Sie bereit sind, wenn es wirklich darauf ankommt.

6 Der Streit

Hüten Sie sich davor, einen Streit oder eine Auseinandersetzung jetzt und direkt auszutragen. Selbst wenn Sie sich im Recht befinden, entstehen dadurch für Sie nur weitere Nachteile, weil Emotionen die Fronten langfristig und nachhaltig verschärfen werden. Es ist erforderlich, eine neutrale und vermittelnde Partei von genügender Autorität einzuschalten, um eine Einigung oder Schlichtung herbeizuführen.

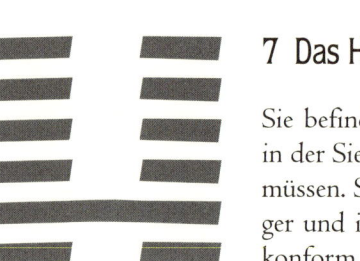

7 Das Heer

Sie befinden sich in einer exponierten Position, in der Sie über das weitere Vorgehen entscheiden müssen. Sichern Sie sich die Unterstützung fähiger und integrer Personen, die mit Ihren Zielen konform gehen, dann führen gemeinsame Anstrengungen und Zusammenarbeit zum Erfolg.

8 Das Zusammenhalten

Zögern Sie jetzt nicht, denn es ist der Moment da, entweder selbst Verantwortung zu übernehmen oder sich anderen bei einer gemeinsamen Zielsetzung anzuschließen. Prüfen Sie gegebenenfalls durch eine weitere Befragung des Orakels, ob Sie selbst über die Qualitäten verfügen, andere zu einem gemeinsamen Ziel zu führen.

9 Des Kleinen Zähmungskraft

Sie werden durch unangenehme Zwänge aufgehalten oder durch Verführungen abgelenkt, die Sie nicht ohne weiteres abschütteln oder gar abtun können. Sie müssen deshalb sehr subtil und flexibel vorgehen, um diese vorübergehend missliche Phase gut zu überstehen. Im Anschluss wird sich das Blatt zu Ihren Gunsten wenden.

10 Das Auftreten

Obwohl es Ihnen jetzt sehr reizvoll erscheint, jemandem auf der Nase herumzutanzen oder die Blöße eines anderen auszunutzen, sollten Sie dabei weder die Grenzen des Respekts überstrapazieren noch das Entgegenkommen oder gar Wohlwollen anderer missbrauchen. Das angemessene Verhalten wird sich später vorteilhaft für Sie auswirken.

11 Der Friede

Günstig. Eine förderliche Situation, in der Einklang und Harmonie vorherrschen und Fortschritte erzielt werden. Erfolge müssen aber gesichert werden, um auch langfristig von Dauer zu sein. Also keine Zeit, um sich in Muße zu ergehen oder sich Nachlässigkeiten zu erlauben.

12 Die Stockung

Eine kritische Situation, denn Sie unterliegen zunehmend dem Einfluss von Menschen, die Sie für ihre Zwecke missbrauchen wollen. Dadurch können Sie sogar mit Ihren wirklichen Freunden in Streit geraten. Auch wenn Sie selbst gute Absichten verfolgen, wird das jetzt missverstanden werden. Deshalb ziehen Sie sich besser zurück und bedenken alles noch einmal neu.

13 Gemeinschaft mit Menschen

Jetzt finden sich die richtigen Menschen unter den besten Voraussetzungen zusammen. Sie dürfen also mit Unterstützung in jeder Hinsicht rechnen, sogar wenn Sie selbst hier und da noch etwas unsicher sind. Der gemeinsame Austausch bringt alle weiter.

14 Der Besitz von Großem

Sie fühlen sich durchdrungen von großer Energie und Kraft, so dass Ihnen vieles mit Leichtigkeit gelingt. Konzentrieren Sie sich jedoch auf ein Ziel bzw. setzen Sie sich eines, damit Ihnen diese positive Phase auch insgesamt und langfristig Nutzen bringt.

15 Die Bescheidenheit

Das Bild des Ausgleichens: Jetzt müssen Sie in allen Ihren Bedürfnissen, Ansprüchen und Vorstellungen maßvoll und bescheiden sein. An sich bleibt Ihnen aufgrund der Situation wenig anderes übrig, doch fehlt Ihnen noch die rechte innere Haltung und Einstellung dazu – dann ist nämlich alles weitaus weniger dramatisch.

16 Die Begeisterung

Ihr Enthusiasmus überträgt sich auf andere, die sich freudig anschließen oder diese Impulse für ihre eigenen Vorhaben aufgreifen. Behalten Sie Ihre Ziele im Auge und verzetteln Sie sich nicht in Kleinigkeiten. Ziehen Sie Erfüllung und Kraft aus dieser Situation.

17 Die Nachfolge

Dieses Zeichen weist auf anstehende größere Veränderungen in Ihrem Leben. Jedoch sollten Sie zunächst mit kleinen Erfolgen zufrieden sein und größere persönliche Wünsche oder Vorstellungen zunächst zurückstellen. Nur im Einklang mit anderen sind Erfolge möglich.

18 Die Arbeit am Verdorbenen

Was Sie bislang vernachlässigt oder versäumt haben, müssen Sie jetzt mit aller Kraft bereinigen, vorher können Sie kaum mit einer Verbesserung Ihrer Situation rechnen. Regeln Sie vor allem die Beziehungen und Verhältnisse zu Ihren Mitmenschen. Nehmen Sie es in Kauf, wenn eine Freundschaft zu Ende geht.

19 Die Annäherung

Die Umstände erlauben, ja verlangen es sogar, dass Sie zügig Ihr(e) Vorhaben in die Tat umsetzen. Nutzen Sie diese günstige Phase, solange sie währt. Seien Sie jedoch nicht zu ungestüm, so dass andere sich überrumpelt oder übergangen fühlen könnten.

20 Die Betrachtung (der Anblick)

Arbeiten Sie an dem Erscheinungsbild Ihrer Persönlichkeit, damit sich Ihre innere Verfassung, Haltung und Überzeugung auch nach außen übertragen lassen. Dadurch können Sie Erfolge erzielen, weil andere Ihnen nun respektvoll begegnen.

21 Das Durchbeißen

Sie werden empfindlich behindert, vor allem weil zusätzlich noch Täuschung oder Falschheit im Spiel ist. Widerstände müssen Sie jetzt energisch und bestimmt durchbrechen, schalten Sie zur Not entsprechende Instanzen ein. Beachten Sie jedoch auch das Gebot der Fairness.

22 Die Anmut

Hier geht es darum, Sein vom Schein zu trennen. Nur so lassen sich eine Klärung und Aufhellung in die gegenwärtige Situation bringen, aber noch kein direkter Fortschritt. Selbst wenn man sich Ihnen gegenüber wenig aufrichtig oder gar intrigant verhält, ist das noch lange kein Grund, selbst so zu verfahren.

*23 Die Zersplitterung

Im Moment können Sie nichts direkt in Bewegung bringen, die Zeitverhältnisse gestalten sich schwierig und eine Veränderung wird erst später eintreten. Jetzt ist es klug, durch Nicht-Handeln zu handeln, dann wird sich eine Klärung der Verhältnisse wie von selbst einstellen.

*24 Die Wiederkehr (die Wendezeit)

Veränderungen stellen sich zügig ein, das ist kein Grund zur Hast oder zur ungeduldigen Hektik. Für Sie bricht eine neue Phase an, doch lassen Sie die Dinge sich zusammenfügen, sonst bringen Sie selbst Hemmungen in diese förderliche Entwicklung.

25 Die Unschuld (das Unerwartete)

Halten Sie Hintergedanken und Erwartungen aus Ihren Bestrebungen heraus, lassen Sie sich von Ihrer eigenen Natürlichkeit leiten – das bringt Sie weiter. Jedoch ist die Zeit noch nicht reif, um selbst direkt etwas zu unternehmen.

26 Des Großen Zähmungskraft

Teilen Sie jetzt Ihre Kräfte ein und lassen Sie sich durch nichts zu irgendwelchen Eskapaden oder gar Verärgerungen verleiten. Bald werden sie vor neuen, aber Erfolg versprechenden Anforderungen stehen, für die Sie sich vorbereiten müssen. Als hilfreich erweisen sich jetzt Erfahrungen aus Vergangenheit und Geschichte.

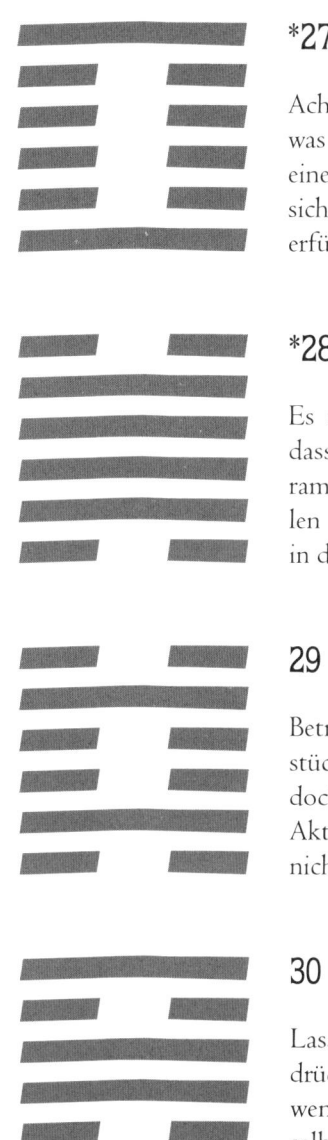

*27 Die Mundwinkel (die Ernährung)

Achten Sie auf das, was Sie von sich geben und was Sie zu sich nehmen – maßvolle Worte und eine bewusste Ernährung. Im Stillen vollzieht sich die Vorbereitung zu einem Wandel, Wünsche erfüllen sich anders, als Sie es sich vorstellen.

*28 Des Großen Übergewicht

Es scheint Ihnen alles zum Besten zu sein, so dass Sie dazu neigen, unbedacht oder zu temperamentvoll vorzugehen – der Impuls zum schnellen Handeln ist zwar richtig, doch darf er nicht in der falschen Richtung verpuffen.

29 Das Abgründige, das Wasser

Betrachten Sie Ihre derzeitige Krise als ein Lehrstück des Schicksals und ergründen Sie, was Sie doch als Gewinn für sich daraus ziehen können. Aktiv können Sie Ihren Schwierigkeiten noch nicht begegnen.

30 Das Haftende, das Feuer

Lassen Sie sich nicht durch vordergründige Eindrücke täuschen, das kann nur schaden, vor allem wenn Sie zu vertrauensselig sind. Sie sollten selbst etwas entschlussfreudiger sein, zumindest den Rat einer erfahrenen und integren Person berücksichtigen.

31 Die Einwirkung (die Werbung)

Stellen Sie sich auf eine neue Bindung oder Partnerschaft ein. Sie ziehen jetzt andere Menschen an – bleiben Sie daher auch offen für die Impulse, die Ihnen diese Menschen geben.

32 Die Dauer

Bleiben Sie konstant und engagiert in Richtung auf ein Ziel. Es ist jetzt keine Zeit, um irgendwelche Veränderungen anzustreben, obwohl Ihnen gerade das sehr reizvoll erscheint. Üben Sie sich noch in Geduld und klären Sie mit sich, was Sie wirklich wollen.

33 Der Rückzug

Der Klügere gibt nach – und zieht sich angesichts unüberwindbarer Hindernisse zurück, um überhaupt Abstand zu gewinnen. Halten Sie sich in jeder Hinsicht zurück, alles andere führt nur zu mehr Verdruss und Komplikationen.

34 Des Großen Macht

Sie können einen großen Einfluss auf andere ausüben. Nehmen Sie die damit verbundene Verantwortung ernst. Jetzt entscheiden Ihre innere Haltung und Einstellung sowie Ihr Charakter über den Erfolg, den Sie dadurch erzielen.

35 Der Fortschritt

Momentan wird Ihnen noch Anerkennung usw. vorenthalten. Teilen Sie Verantwortung mit einem geeigneten, kompetenten Menschen oder delegieren Sie sie an ihn – das wird Ihnen beiden zu größerem Vorteil und Anerkennung verhelfen.

36 Die Verfinsterung des Lichts

Es ist jetzt sinnvoller, die eigene Überzeugung oder Meinung für sich zu behalten, da Sie nur auf Unverständnis stoßen werden und alles noch nachteilig für Sie ausgelegt wird. Nur so können Sie Ihre Grundprinzipien unbeschadet in dieser unsicheren Situation wahren.

*37 Die Sippe

Die Verbindungen zwischen Menschen sollten natürlich gewachsen sein und auf Liebe, Respekt und Achtung aufbauen – insoweit entstehen Vorteile, vor allem wenn zusätzlich Dauerhaftigkeit und Beständigkeit hinzukommen.

*38 Der Gegensatz

Alle großen Vorhaben scheitern an gegensätzlichen und derzeit nicht zu vereinenden Auffassungen. Dennoch gibt es Fortschritte im kleinen Rahmen. Der Gegensatz verdeutlicht Positionen, bevor es zu einer Annäherung kommen kann.

*39 Das Hemmnis

Ihre Möglichkeiten scheinen in jeder Hinsicht blockiert, so dass Sie keinen direkten Ausweg erkennen können, und je mehr Sie sich gegen die äußeren Hindernisse stemmen, desto weniger gelingt Ihnen. Ziehen Sie sich zurück, damit sich in Ihnen die Lösung zeigen kann.

*40 Die Befreiung

Nach einer schwierigen Zeit zeichnet sich nun die Auflösung von Problemen und Konflikten ab, so dass Sie spürbar vorankommen. Noch besteht die Möglichkeit, dass Versäumtes nachgeholt und bereinigt werden kann.

41 Die Minderung

Tragen Sie einen Verlust und damit verbundene Einschränkungen mit Gelassenheit. Derartige Äußerlichkeiten sollten keinen Einfluss auf Ihre innere Verfassung und/oder Überzeugung nehmen. Was Sie jetzt unternehmen, bringt Erfolg.

42 Die Mehrung

Eine derzeitig positive Phase sollte konsequent genutzt werden, um etwas voranzubringen. Sie dürfen mit Unterstützung oder gar Protektion rechnen. Halten Sie dennoch selbst die Fäden in der Hand.

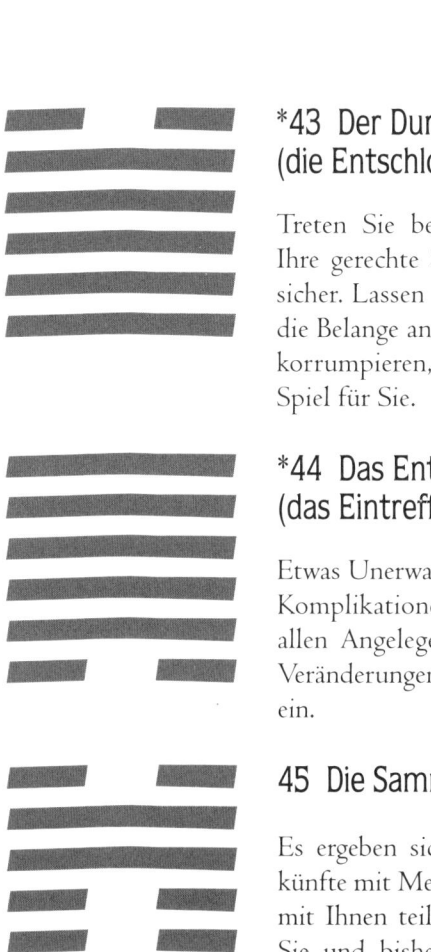

*43 Der Durchbruch
(die Entschlossenheit)

Treten Sie bestimmt und kompromisslos für Ihre gerechte Sache ein – der Erfolg ist Ihnen sicher. Lassen Sie sich, bei allem Verständnis für die Belange anderer, nicht durch falsche Gefühle korrumpieren, denn es steht einiges auf dem Spiel für Sie.

*44 Das Entgegenkommen
(das Eintreffen von Besuch)

Etwas Unerwartetes bringt Verdruss oder schafft Komplikationen. Üben Sie Zurückhaltung in allen Angelegenheiten und stellen Sie sich auf Veränderungen in Ihrem unmittelbaren Umfeld ein.

45 Die Sammlung

Es ergeben sich Begegnungen und Zusammenkünfte mit Menschen, die Interessen und anderes mit Ihnen teilen. Daraus entstehen Vorteile für Sie und bisherige Leistungen erfahren endlich Lohn und Anerkennung. Seien Sie jedoch auch darauf vorbereitet, sich noch mit etwas Unerfreulichem auseinander setzen zu müssen.

46 Das Empordringen

Arbeiten Sie weiter beharrlich an Ihrem Vorhaben, Projekt usw. In Kürze werden Sie den entscheidenden Schritt getan haben und Ihre Mühen und Tüchtigkeit werden die entsprechende Anerkennung und Würdigung finden. Auch Ideen sollten Sie jetzt weiter verfolgen, suchen Sie aber zusätzlich noch Rat bei einer kompetenten Person.

47 Die Bedrängnis (die Erschöpfung)

Sie fühlen sich zermürbt oder ausgelaugt, so dass Sie ziemlich mit Ihrem Schicksal hadern. Wenn Sie allen Widrigkeiten zum Trotz heiter und positiv bleiben, wird sich der Erfolg schon bald wieder einstellen. Es kann sogar sein, dass Ihnen eine Art Protektion durch eine höher gestellte Person zuteil wird.

48 Der Brunnen

Direkte Veränderungen sind weder angezeigt noch sinnvoll, selbst wenn Sie sich gerade das jetzt sehnlichst wünschen. Obwohl Sie selbst kaum mit Unterstützung oder Ähnlichem rechnen können, sollten Sie anderen helfen, denn das wird sich bald als nützlich für Sie erweisen.

49 Die Umwälzung (die Mauserung)

Es bereitet Ihnen momentan ziemliche Schwierigkeiten, sich auf die Veränderungen um Sie herum einzustellen oder diesen überhaupt zu folgen. Lassen Sie sich davon nicht verrückt machen, sondern behalten Sie einen klaren Kopf, dann wird sich letztendlich doch noch ein Vorteil für Sie einstellen.

50 Der Tiegel

Sie können entscheidenden Einfluss auf den Gang Ihres Schicksals nehmen. Ergreifen Sie die Gelegenheit, auch in dem Bewusstsein, dass alles auch anderen zugute kommen soll. Vorteilhaft ist es, etwas zu dritt zu unternehmen.

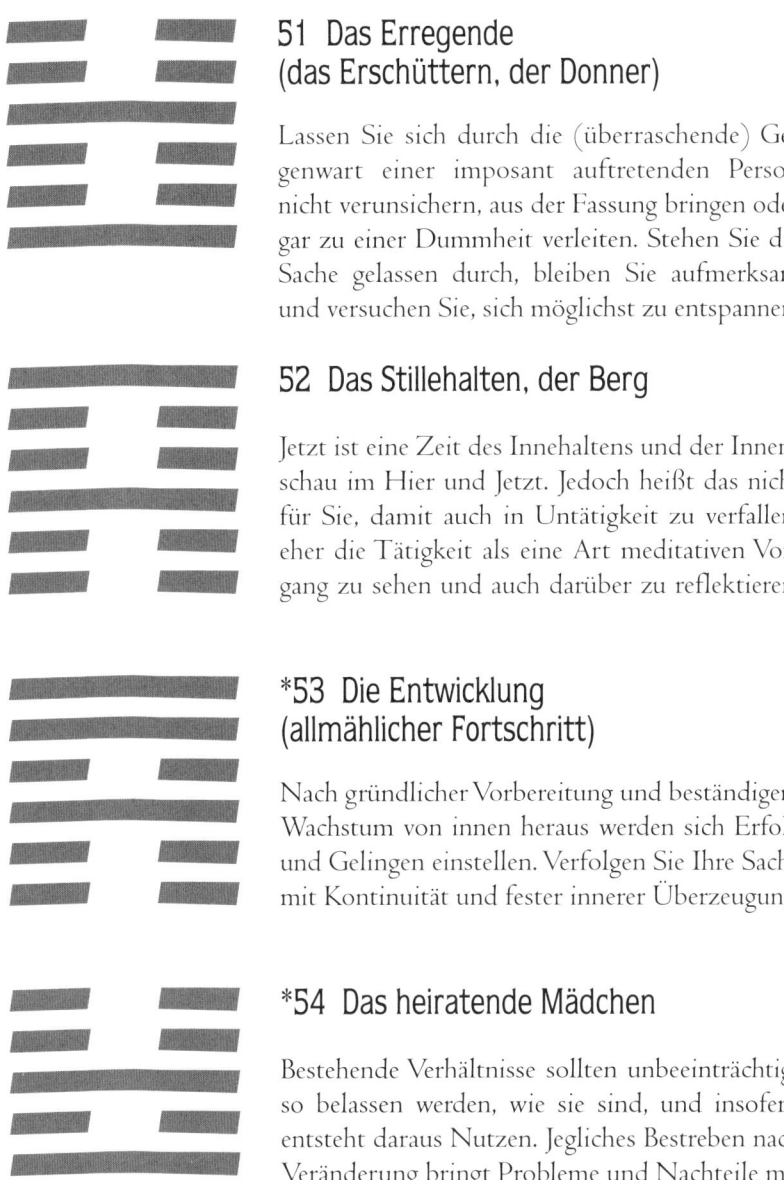

51 Das Erregende (das Erschüttern, der Donner)

Lassen Sie sich durch die (überraschende) Gegenwart einer imposant auftretenden Person nicht verunsichern, aus der Fassung bringen oder gar zu einer Dummheit verleiten. Stehen Sie die Sache gelassen durch, bleiben Sie aufmerksam und versuchen Sie, sich möglichst zu entspannen.

52 Das Stillehalten, der Berg

Jetzt ist eine Zeit des Innehaltens und der Innenschau im Hier und Jetzt. Jedoch heißt das nicht für Sie, damit auch in Untätigkeit zu verfallen; eher die Tätigkeit als eine Art meditativen Vorgang zu sehen und auch darüber zu reflektieren.

*53 Die Entwicklung (allmählicher Fortschritt)

Nach gründlicher Vorbereitung und beständigem Wachstum von innen heraus werden sich Erfolg und Gelingen einstellen. Verfolgen Sie Ihre Sache mit Kontinuität und fester innerer Überzeugung.

*54 Das heiratende Mädchen

Bestehende Verhältnisse sollten unbeeinträchtigt so belassen werden, wie sie sind, und insofern entsteht daraus Nutzen. Jegliches Bestreben nach Veränderung bringt Probleme und Nachteile mit sich.

55 Die Fülle

Ihre derzeitige Erfolgs- oder Glückssträhne wird sich noch einige Zeit fortsetzen, doch darf Ihre Aufmerksamkeit nicht nachlassen. Denken Sie auch daran, sich etwas für später zurückzulegen: „Ein König muss an morgen denken."

56 Der Wanderer

Solange Sie wie ein Zugvogel oder Nomade umherziehen, dürfen Sie kaum damit rechnen, irgendwo anzukommen. Sie sind überall nur ein Gast, dem Gastfreundschaft gewährt wird. Bleiben Sie mit Ihren Ansprüchen und Wünschen maßvoll und Sie können sich Ihre Unabhängigkeit und Selbständigkeit bewahren.

57 Das Sanfte (das Eindringliche, der Wind)

Da Sie bei der richtigen Einschätzung Ihrer Situation Fehler machen könnten, ist es ratsam für Sie, sich einer anderen Person anzuvertrauen. Lassen Sie sich aber von niemandem zu etwas überreden, was Sie gefühlsmäßig und intuitiv als falsch empfinden.

58 Das Heitere, der See

Echte Freude wird im Unterschied zur Belustigung durch eine innere Ergriffenheit getragen. Nur so können Sie sie auf andere übertragen und dann selbst wieder ein positives Feedback bekommen. Das wird Ihnen helfen, auch Ihre schwierige Lage zu meistern.

59 Die Auflösung

Jetzt können Sie Schwierigkeiten, Hemmnisse oder Blockaden, gleich welcher Art, sanft auflösen. Die Zeit der Probleme und Misserfolge neigt sich dem Ende zu. Schöpfen Sie daraus Zuversicht und Optimismus, um auch negative Haltungen oder Einstellungen letztlich abzubauen.

60 Die Beschränkung

Akzeptieren oder setzen Sie Grenzen bei dem, was Sie unternehmen oder vorhaben. Lassen Sie sich nicht zu unüberlegten Schritten verleiten, zum Beispiel indem Sie auf ein neues Angebot eingehen oder einen kurzfristigen Vorteil mit zweifelhaften Mitteln erreichen – das wird sich sehr schnell als großer Nachteil für Sie erweisen.

61 Innere Wahrheit

Mit Aufrichtigkeit und frei von Vorurteilen erhalten Sie Zugang zum Wesen anderer Menschen. Das ermöglicht tiefe und beständige Verbindungen, die weit über das Niveau von (letztlich instabilen) Zweckgemeinschaften hinausgehen. Das Geheimnis des Erfolges besteht darin, dem Gegenüber auf seinem Horizont zu begegnen.

62 Des Kleinen Übergewicht

Sie sollten mehr auf Sicherheit bedacht sein, sonst erleben Sie Rückschläge oder Enttäuschungen, auch in Partnerschaften oder in der Liebe. Vorhaben mit großem Aufwand und großen Anstrengungen werden verhindert bzw. kommen gar nicht erst zur Ausführung.

*63 Nach der Vollendung

Es sind überschaubare Verhältnisse erreicht, die aber in sich noch der Festigung bedürfen. Widmen Sie Ihre Aufmerksamkeit auch kleineren Dingen, sonst kann Ihnen der erreichte Erfolg wieder entgleiten.

*64 Vor der Vollendung

Erfolg versprechende Veränderungen stehen bevor. Aus einem Stadium der Unordnung wird sich alles zur Ordnung, zu überschaubaren Verhältnissen bewegen. Bleiben Sie dennoch umsichtig, denn mit kleinen, vorsichtigen Schritten erreichen Sie mehr als durch übereiltes oder zu vorwitziges Handeln.

Die Befragung des I Ging

Traditionell sind zwei Methoden der I-Ging-Befragung bekannt:
1. die Methode der Schafgarbenstengel, die sehr umständlich und zeitaufwendig ist, mit der jedoch der ehrwürdige Charakter des I Ging stärker betont wird,
2. die Methode des Münzen-Werfens, die mit drei Münzen ausgeführt wird. Sie ist wesentlich unkomplizierter zu handhaben und gleichermaßen bewährt. Dazu werden drei gleiche Münzen benötigt – es müssen nicht unbedingt alte chinesische Bronzemünzen mit Loch sein. Die drei Münzen werden sechsmal geworfen, um die sechs Linien für das Hexagramm zu ermitteln.

Den beiden Münzseiten ist jeweils ein Zahlwert zugeordnet: Kopfseite = 3, Zahlseite = 2. Dadurch ergeben sich bei drei Münzen die Zahlwerte 6, 7, 8 oder 9, also vier Linienvarianten. Zunächst einmal geht es wieder um die beiden grundlegenden Linien, die wir bereits kennen gelernt haben: die durchgezogene Yang-Linie ▬▬▬ und die unterbrochene Yin-Linie ▬ ▬.
Wenn sich bei Ihrem Münzwurf als Zahlwert 6 oder 8 – also eine gerade

Zahl – ergibt, dann haben Sie eine Yin-Linie, bei 7 oder 9 – also einer ungeraden Zahl – ist es eine Yang-Linie.

Mit insgesamt 6 Würfen erhalten Sie die sechs Linien für Ihr Hexagramm. Dabei müssen die Linien immer von unten nach oben gezählt werden und die ersten drei Würfe ergeben die drei Linien des unteren Trigramms, die folgenden drei Würfe die drei Linien des oberen Trigramms. Mit Hilfe der „Tafel zum Auffinden der I-Ging-Hexagramme" (Seite 142 oder hintere Klappe) können Sie schnell sehen, welches Hexagramm Ihr Wurf ergeben hat.

Ein Beispiel:

6. Wurf = 6. Linie (oben):   Zahl + Kopf + Zahl   = 2+3+2 = 7
5. Wurf = 5. Linie: Zahl + Zahl + Kopf   = 2+2+3 = 7
4. Wurf = 4. Linie: Kopf + Kopf + Zahl   = 3+3+2 = 8
3. Wurf = 3. Linie: Kopf + Zahl + Zahl   = 3+2+2 = 7
2. Wurf = 2. Linie: Kopf + Kopf + Zahl   = 3+3+2 = 8
1. Wurf = 1. Linie (unten):   Zahl + Kopf + Zahl   = 2+3+2 = 7

Wir erhalten das Grundhexagramm 37, die Sippe:

Es wurde oben gesagt, dass es vier Linienvarianten gibt, wir haben aber bislang nur zwei, nämlich die durchgezogene und die unterbrochene. Wenn wir nun bei einem Münzwurf dreimal den *gleichen* Zahlwert erhalten, tritt folgender Fall ein: Bei der dreifachen 2 ergibt sich als Gesamtzahlwert 6, eine gerade Zahl. Wir haben hier eine unterbrochene Linie, die zu einer durchgezogenen Linie wird. Dargestellt wird sie im Hexagramm folgendermaßen: ▬ ▬o. Umgekehrt ist es, wenn wir dreimal die 3 erhalten, also den Gesamtzahlwert 9 (ungerade Zahl). Hier wird die durchgezogene Linie zu einer unterbrochenen, dargestellt ▬▬▬o. Man bezeichnet diese Linien, die sich verändern, als Wandellinien. Die Wandellinien bewirken, dass wir zunächst ein Grundhexagramm erhalten und dann, wenn wir die Linien gewandelt haben, ein oder mehrere Wandelhexagramme (dazu mehr weiter unten).

Hierzu noch einmal eine Übersicht für alle vier möglichen Zahlwerte, zu denen man mit einem Münzwurf gelangen kann:

6 = ▬ ▬o wird zu ▬▬▬
7 = ▬▬▬
8 = ▬ ▬
9 = ▬▬▬o wird zu ▬ ▬

Ein Beispiel für ein Hexagramm mit Wandellinien:

6. Wurf = 6. Linie (oben):	Zahl + Kopf + Zahl	$= 2+3+2 = 7$
5. Wurf = 5. Linie:	Zahl + Zahl + Kopf	$= 2+2+3 = 7$
4. Wurf = 4. Linie:	Kopf + Kopf + Kopf	$= 3+3+3 = 9$
3. Wurf = 3. Linie:	Kopf + Zahl + Zahl	$= 3+2+2 = 7$
2. Wurf = 2. Linie:	Kopf + Kopf + Zahl	$= 3+3+2 = 8$
1. Wurf = 1. Linie (unten):	Zahl + Zahl + Zahl	$= 2+2+2 = 6$

Hieraus ergibt sich als Grundhexagramm 33, der Rückzug, mit zwei Wandellinien, nämlich der 1. und der 4. Linie. Wenn wir die erste Linie wandeln, ergibt sich als erstes Wandelhexagramm 13, Gemeinschaft mit Menschen, und wenn wir zusätzlich die 4. Linie wandeln, ergibt sich als zweites Wandelhexagramm 37, die Sippe. In diesem Fall erfolgt die Antwort auf die Frage in drei Schritten, man muss also die Texte zu den drei entsprechenden Hexagrammen in der Abfolge berücksichtigen. Das stellt die in der Frage enthaltene Entwicklung dar. Es reicht übrigens durchaus, wenn man sich auf ein Wandelhexagramm beschränkt, obwohl man zwei oder mehr Wandellinien hat, wenn man also alle Wandellinien gleichzeitig umwandelt. Aus dem letzten gewandelten Hexagramm wird das Kernhexagramm (Seite 82) abgeleitet (in unserem Beispiel also aus 37, die Sippe) oder, wenn ohne Wandellinien gearbeitet wird, aus dem Grundhexagramm. Bevor Sie die Münzen werfen, formulieren und notieren Sie bitte Ihre Frage. Auch hier gilt: Je genauer die Frage gestellt ist, desto besser finden Sie die Antwort über das I Ging. Vermeiden Sie in jedem Fall Fragen, die nur mit Ja oder Nein zu beantworten sind, sondern öffnen Sie durch die Fragestellung Raum für die Möglichkeiten des I Ging (siehe auch Seite 13). Konzentrieren Sie sich auf Ihre Frage, schütteln Sie dabei die Münzen mit geschlossenen Händen und werfen Sie sie vor sich aus, am besten auf eine Unterlage aus Tuch. Notieren Sie nach jedem Wurf das Ergebnis und zeichnen Sie dazu die entsprechende Linie, am besten gleich in Ihr Orakeltagebuch (Seite 18). Nach sechs Würfen haben Sie Ihr Grundhexagramm ermittelt. Schlagen Sie auf Seite 142 oder auf der hinteren Klappe nach, um herauszufinden, um welches Hexagramm es sich handelt, und lesen Sie dann den zugehörigen Deutungstext im Kapitel „Die 64 Hexagramme des I Ging" (Seite 84) als Antwort auf Ihre Frage nach. Der Text ist dabei so zu verstehen, dass er Ihnen Auskunft darüber gibt, wie Sie in die Situation „eingebettet" sind. Die Antwort bildet also die Basis, auf die Sie Ihr folgendes Handeln bzw. Ihre Entscheidungen gründen können. Lesen Sie dann auch die Deutungstexte für ein etwaiges Wandelhexagramm und natürlich für das Kernhexagramm.

Beispiel 1

Heinz hat einem Bekannten Geld geliehen, das dieser schon längst hätte zurückzahlen müssen. Mittlerweile sind neun Monate seit dem ursprünglich vereinbarten Rückzahlungstermin verstrichen. Heinz ist sehr geduldig, obwohl er diesen Betrag selbst gut gebrauchen könnte. Er ist sich nicht einmal sicher, ob er überhaupt noch damit rechnen kann. Der Bekannte, dem er das Geld geliehen hat, wirkte auf ihn eigentlich immer recht zuverlässig, doch beim Geld hört bekanntlich oft die Freundschaft auf. Was also tun? Er stellt folgende Frage an das I Ging: „Was muss ich unternehmen, um das Geld zurückzubekommen?"

Das Werfen der Münzen ergibt als Grundhexagramm 10, das Auftreten, mit einer Wandellinie, welche zu dem Wandelhexagramm 38, der Gegensatz, führt. Kernhexagramm ist 63, nach der Vollendung.

10 Das Auftreten

ORIGINALTEXT: Obwohl es Ihnen jetzt sehr reizvoll erscheint, jemandem auf der Nase herumzutanzen oder die Blöße eines anderen auszunutzen, sollten Sie dabei weder die Grenzen von Respekt und Achtung überstrapazieren noch das Entgegenkommen oder gar Wohlwollen anderer missbrauchen. Das angemessene Verhalten wird sich später vorteilhaft für Sie auswirken.

DEUTUNG: Natürlich wäre es Heinz jederzeit möglich, über den Rechtsweg an sein Geld oder einen gleichwertigen Sachwert zu kommen, doch rät das Hexagramm dazu, nicht mit dem „großen Hammer" zu drohen oder zu kommen.

38 Der Gegensatz

ORIGINALTEXT: Alle großen Vorhaben scheitern an gegensätzlichen und derzeit nicht zu vereinenden Auffassungen. Dennoch gibt es Fortschritte im kleinen Rahmen. Der Gegensatz verdeutlicht Positionen, bevor es zu einer Annäherung kommen kann.

DEUTUNG: Das gewandelte Hexagramm sagt sogar noch deutlicher, dass es jetzt nicht an der Zeit ist, die Forderung in jedem Fall eintreiben zu wollen, weil eben bei dem Bekannten noch kein Geld zu holen sein dürfte.

63 Nach der Vollendung

ORIGINALTEXT: Es sind überschaubare Verhältnisse erreicht, die aber in sich noch der Festigung bedürfen. Widmen Sie Ihre Aufmerksamkeit auch kleineren Dingen, sonst kann Ihnen der erreichte Erfolg wieder entgleiten.

DEUTUNG: Bei seinem Bekannten dürfte wohl der Fall eintreten, dass in Kürze der Schuldbetrag real zur Verfügung steht. Wenn Heinz jetzt Stress machen würde, könnte die Rückgabe jedoch gefährdet sein.

Zu dem Ganzen fällt mir ein altes Sprichwort ein: Leihen schafft Freunde, wiederfordern Feinde. Heinz soll eher auf die Freundschaft setzen und nicht mit dem Knüppel in der Hand den Schuldbetrag zurückfordern, dann bleibt sogar die Freundschaft erhalten, und das sollte nicht unterschätzt werden.
An diesem Beispiel können Sie auch sehr schön sehen, wie das Orakel die Situation transparent macht. Heinz schwankte zwischen dem Impuls, seine Forderung nun per Rechtsweg durchzusetzen, einerseits und seinem Sinn für den Erhalt der Freundschaft andererseits. Das Orakel hat Heinz auf einen Weg aufmerksam gemacht, wie er mit der Situation in einer für alle Beteiligten sinnvollen Weise umgehen kann.

Beispiel 2

Iris, 25, befindet sich in einer für sie augenscheinlich verzwickten Situation, die sie mit folgender Frage an das I Ging für sich klären will: „Was beabsichtigt mein Chef mit seinen Annäherungsversuchen?"
Sie erhält Hexagramm 25, die Unschuld (das Unerwartete), und das Kernhexagramm 53, die Entwicklung (allmählicher Fortschritt).

25 DIE UNSCHULD (DAS UNERWARTETE)
ORIGINALTEXT: Halten Sie Hintergedanken und Erwartungen aus Ihren Bestrebungen heraus, lassen Sie sich von Ihrer eigenen Natürlichkeit leiten – das bringt Sie weiter. Jedoch ist die Zeit noch nicht reif, um selbst direkt etwas zu unternehmen.
DEUTUNG: Dieses Hexagramm bringt mich darauf, mit Iris zunächst zu klären, warum sie von Annäherungsversuchen ihres Chefs ausgeht. Denn der Text sagt, sie solle Hintergedanken und Erwartungen heraushalten und sich von der eigenen Natürlichkeit leiten lassen. Daraufhin meint sie, dass im Büro schon getuschelt würde, weil der Chef ihr gegenüber so freundlich und zuvorkommend sei: Der hätte sicher Hintergedanken! Sie selbst sieht es eher als einen selbstverständlichen, netten menschlichen Umgang miteinander an. Nur das Getuschel habe sie jetzt so verunsichert, dass sie auch schon fast glauben würde, dass ihr Chef wirklich etwas von ihr will, zumal man ja doch nie wisse, woran man bei einem anderen wirklich ist.

Iris war durch ihre Kollegen verunsichert worden. Das Orakel brachte es auf den Punkt, dass sie sich nämlich lieber auf ihre eigene Natürlichkeit verlassen und keinesfalls auf die Projektionen von anderen etwas geben sollte.

53 Die Entwicklung (allmählicher Fortschritt)
Originaltext: Nach gründlicher Vorbereitung und beständigem Wachstum von innen heraus werden sich Erfolg und Gelingen einstellen. Verfolgen Sie Ihre Sache mit Kontinuität und fester innerer Überzeugung.
Deutung: Dies ist eine eindeutige Bestätigung für Iris, sich nicht von anderen fremdbestimmen zu lassen, sondern sich selbst treu zu bleiben. Auch wenn sie damit nicht sofort überall auf Gegenliebe stößt, wird sie damit letztlich für sich selbst mehr erreichen und innerlich gesünder bleiben.

Das ist fast schon ein klassisches Beispiel dafür, wie schnell mit Projektionen von anderen Verwirrung gestiftet werden kann. Denn es stellte sich bei näherer Beleuchtung der Umstände heraus, dass die „lieben, wohlmeinenden Kollegen" Iris um ihre positive, freundliche Art beneiden, mit der sich Iris natürlich von den Kollegen abhebt und die an anderen Stellen zu einer entsprechend positiven Resonanz führt. Da werden schnell Dinge falsch gedeutet oder so umgedeutet, bis sie dem Denkmuster der Kollegen entsprechen. Fast wäre die Saat der Kollegen bei Iris aufgegangen, wenn sie sich auf dasselbe Denkmuster eingelassen hätte anstatt sich selbst und ihrer Eigenart treu zu bleiben. Auch wenn ihre Kollegen älter, erfahrener und fachlich kompetenter als Iris sind, so heißt das noch lange nicht, dass sie ihr auch in menschlicher Hinsicht überlegen sind. Das Gegenteil scheint der Fall zu sein.

Das Meister-Orakel:
die Synthese von Tarot und I Ging

In diesem Kapitel geht es um eine Synthese aus Tarot und I Ging, die eine sinnvolle Verbindung zwischen östlicher und westlicher Weisheit herstellt. Da bei dieser Synthese beide Traditionen für sich bestehen bleiben und nicht durchmischt werden, bleibt auch die jeweilige typische Charakteristik erhalten. Wollte man zwischen beiden Orakelsystemen einen gemeinsamen Nenner finden oder herbeiführen oder das Prinzip des einen auf das andere projizieren, ginge nicht nur der jeweilige eigentümliche Charme verloren, sondern auch vieles an differenzierter Deutungsqualität. Mit der hier vorgestellten Synthese eröffnen sich neue Horizonte für die Deutung beider Orakel.

Eines sollte man sich vor Augen führen: Orakeldeutung ist eine Art von Zeichen- bzw. Symboldeutung, genau wie Traumdeutung oder Ähnliches. Dabei verfällt man leicht in den Fehler, ein Zeichen mit einer festen Bedeutung zu verknüpfen. Das Zeichen – und das Orakel – kündigt jedoch nicht unbedingt ein bestimmtes Ereignis an, sondern weist vielmehr auf die *Qualität* des Ereignisses, wenn es unter diesen oder jenen (Vor-)Zeichen geschieht. Die feste Verknüpfung eines (Vor-)Zeichens mit einem definitiven Ereignis ist genau der Grundfehler des Aberglaubens.

Das I Ging ist im Fernen Osten schon immer zur Beurteilung und zur Einschätzung der Zeit-Qualität befragt worden. Die Einbindung des Fragenden in den Weg des Lebens, in das Dhao, war wichtiger als die Kenntnis möglicher kommender Ereignisse. Das hat viel mit der inneren Einstellung und Haltung der Person zu tun, denn die Frage nach Einbindung in den Weg impliziert, dass sich die Person viel mehr als Teil eines Ganzen, ja sogar als Teil des Kosmos begreift, als dies bei der Frage nach einem kommenden Ereignis der Fall wäre – da sieht sich die Person eher losgelöst vom Ganzen und empfindet sich weitaus eher den meist als widrig empfundenen äußeren Umständen ausgeliefert.

Die breite Rezeption des Tarot im Abendland gründete sich zunächst auch stark auf dessen populären prophetischen, wahrsagerischen Aspekt, bevor der tiefere geistige Hintergrund als Abbild universal gültiger Lebensmuster wieder entdeckt worden ist. Während das I Ging selbst wenig über den Weg, das Dhao, aussagt, ist dies im Tarot anders. Der Zyklus der 22 Großen

Arkana beschreibt zusätzlich auch einen Kreislauf, der sich als Entwicklungsweg über mehrere Ebenen interpretieren lässt. Über die Abfolge der Stationen auf diesem Weg lässt sich schon bestimmen, wo man sich aktuell auf dem Weg einordnen kann. Das macht eine Positionsbestimmung mit Hilfe des Tarot natürlich leichter, denn das I Ging scheint als solches eher „ungerichtet" zwischen den vier Grundzuständen der Hexagramme – 1, 2, 63 und 64 – hin und her zu schwingen, ohne jedoch ein eigentliches Ziel vor Augen zu führen, wie es im Tarot durch das Bild XXI, die Welt, dargestellt ist. Diese durchaus zielgerichtet zu nennende Eigentümlichkeit des Tarot unterscheidet es erheblich vom Konzept des I Ging. Gerade deshalb sollte man von einer inhaltlichen Durchmischung beider absehen. Folgt man dem Konzept des Yin und Yang, können beide stattdessen eine ergänzende Synthese bilden, sofern ein geeignetes Verfahren gewählt wird.

Zunächst war es ein recht prosaischer Anlass, der mich dazu brachte, dieses Verfahren zu entwickeln: Mir war bei einer I-Ging-Befragung mit Münzen das Klappern etwas zu laut, und mit den Schafgarbenstengeln zu arbeiten war mir zu umständlich. Nachdem ich mir die inneren Konzepte der beiden herkömmlichen Methoden zur I-Ging-Befragung verdeutlicht hatte, war es wenig schwierig, einen Weg zu finden, der es ermöglichte, mittels der Tarotkarten ein Hexagramm zu errichten.

Als zusätzlicher Vorteil ergab sich dabei die Möglichkeit, die einzelnen Linien des Hexagramms über die Tarot-Karten zu deuten. Das machte diese Deutung auch unabhängig von I-Ging-Texten für die einzelnen Linien des Hexagramms und eröffnete durch die tarotische Betrachtungsweise der Linien einen erweiterten Zugang zum I Ging.

Mit den Tarotkarten ein Hexagramm errichten

Von 12 Tarotkarten repräsentieren jeweils zwei eine Linie des Hexagramms. Das Hexagramm bildet die Gesamtaussage, die Essenz zum Thema der Frage. Die Qualität jeder Linie ist durch ihre Position festgelegt und die Aussage wird entprechend durch die Inhalte der Tarotkarten verdeutlicht. Das ermöglicht eine ebenso umfassende wie detaillierte Beantwortung der Frage, sowie über Wandellinien und Kernhexagramm die weitere Entwicklung des Themas.

Das Verfahren lässt sich sowohl für ein einfaches Hexagramm, also eines ohne Wandellinien, wie auch für ein Hexagramm mit Wandellinien verwenden. In der Praxis entscheidet man sich *vor* einer Befragung, ob man ein Hexagramm unter Berücksichtigung der Wandellinien errichten möchte.

Nach dem Mischen und Abheben werden aus den verdeckt liegenden 22 Karten der Großen Arkana insgesamt 12 Karten nacheinander gezogen: Die beiden untersten Karten im gezogenen Stapel stehen für die unterste Linie, die 3. und 4. Karte von unten für die 2. Linie, die 5. und 6. Karte von unten für die 3. Linie usw.

Hinweis: Wenn die zuerst gezogene Karte der Narr (0) ist, sollte die beabsichtigte Befragung nicht durchgeführt werden, weil die Frage falsch gestellt ist oder sich ohnehin in Kürze neue Möglichkeiten ergeben werden, und davor sollte man sich den Blick nicht verstellen.

Doch zurück zu den Hexagrammen. Der Rechenschlüssel zur Ermittlung der Hexagrammlinien lautet:

▷ Ist die Summe der zwei Tarotkarten ungerade, erhalten wir eine Yang-Linie: ▬▬▬.

▷ Ist die Summe der zwei Tarotkarten gerade, erhalten wir eine Yin-Linie: ▬ ▬.

Bei den folgenden Beispielen sind die Zahlwerte der Großen Arkana in arabischen statt in den sonst üblichen römischen Zahlen wiedergegeben, um das Addieren zu erleichtern. Um auf das Kernhexagramm zu kommen, sehen Sie wieder im „Rad des I Ging" nach (Seite 143).

Beispiel A für ein einfaches Hexagramm (ohne Wandellinien):

6: 2 + 17 = 19 = ▬▬▬
5: 6 + 10 = 16 = ▬ ▬
4: 14 + 3 = 17 = ▬▬▬   ergibt
3: 1 + 9 = 10   = ▬ ▬   Hexagramm 21 und Kernhexagramm 39
2: 15 + 11 = 26 = ▬ ▬
1: 16 + 21 = 37 = ▬▬▬

Berücksichtigt man die Wandellinien — womit man zu einer differenzierteren Aussage gelangen kann —, dann muss man zusätzlich zur Summe der beiden Tarotkarten noch die Quersumme dieses Ergebnisses bilden, und zwar so lange, bis man auf eine einstellige Zahl kommt. Beispielsweise ist die Quersumme von 19 = 1 + 9 = 10 = 1 + 0 = 1. Es gilt folgender Rechenschlüssel zur Ermittlung der Hexagrammlinien:

▷ Ist sowohl die Summe der zwei Tarotkarten als auch deren Quersumme ungerade, erhalten wir eine Yang-Linie: ▬▬▬.

▷ Ist sowohl die Summe der zwei Tarotkarten als auch die Quersumme gerade, erhalten wir eine Yin-Linie: — —.

▷ Ist die Summe der zwei Tarotkarten ungerade, die Quersumme hingegen gerade, erhalten wir eine Yin-Linie (— —o), die zur Yang-Linie (———) wird.

▷ Ist die Summe der zwei Tarotkarten gerade, die Quersumme hingegen ungerade, erhalten wir eine Yang-Linie (———o), die zur Yin-Linie (— —) wird.

Beispiel B (unter Berücksichtigung der Wandellinien):

Summe	Quersumme	Grund-Hexagramm	Wandel-Hexagramm	Kern-Hexagramm
6: 2 + 17 = 19	1	———		— —
5: 6 + 10 = 16	7	———o	— —	— —
4: 14 + 3 = 17	8	— —o	———	— —
3: 1 + 9 = 10	1	———o	— —	———
2: 15 + 11 = 26	8	— —	— —	— —
1: 16 + 21 = 37	1	———		— —
		37	21	39

Deutung der Hexagrammlinien mit den Tarotkarten

Um mit den Karten der Großen Arkana die einzelnen Linien eines Hexagramms zu deuten, sind die Qualitäten der einzelnen Linien maßgeblich, weil sie den Rahmen für den aktuellen Deutungszusammenhang liefern. Sie lauten:

6. Linie = Berater (was ist die tiefere/höhere Motivation für die Angelegenheit)

5. Linie = Herrscher (wodurch wird die Angelegenheit beherrscht)

4. Linie = Planung (was ist zu beachten, zu planen)

3. Linie = Umsetzung (wie kann die Angelegenheit umgesetzt werden)

2. Linie = Unterstützung (was fördert die Angelegenheit)

1. Linie = Keim/Quelle (Thema und Ursprung der Frage)

Man deutet nun die für jede Linie gezogenen Tarotkarten im jeweiligen Kontext der Linie. Sollte sich für die erste Linie überhaupt kein Zusammenhang zur Frage finden lassen, dann ist die Befragung abzubrechen und

zu vertagen. Wer will, kann die Quersumme, die sich aus je zwei Tarotkarten pro Linie ergibt, noch als Hinweis auf eine weitere Tarotkarte nehmen.
Auch das mag die Deutung bereichern.

Doch grau ist alle Theorie, deshalb wollen wir das Verfahren mit Beispielen
praktisch umsetzen.

Beispiel 1

Gerd befindet sich in einer für ihn schwierigen, da wenig durchschaubaren
Situation. Er hat sich auf ein Projekt eingelassen, das sehr chancenreich zu
sein scheint, doch sein Kooperationspartner kann nicht das einhalten, was
er versprochen hat, weil in dessen Vertriebsbereich trotz vielseitiger Anstrengungen nichts vorwärts geht. Gerd steht vor dem Problem, sich entweder ganz aus dem Projekt zu verabschieden oder trotz der derzeitigen
vielfältigen Hemmnisse durchzuhalten. Es ist noch nicht einmal ein konkreter Teilerfolg des Projektes am Horizont abzusehen.

In einer solchen Situation muss man rechtzeitig eine grundlegende Prüfung
der eigenen Position vornehmen, denn es geht schließlich um Erfolg oder
Misserfolg, wobei zum Zeitpunkt der Befragung nicht abzusehen ist, in welche Richtung sich das Ganze entwickelt. Soll man seine Energie noch weiter
auf eine derzeit unsichere Karte setzen oder soll man besser aussteigen? Das
wiederum könnte bedeuten, dass man sich später vorwerfen muss, man habe
tatsächlich eine große Chance im Leben verpasst, weil man zu früh das
Handtuch geworfen hat. Natürlich würde man sich später auch Vorwürfe
machen, wenn man auf das falsche Pferd gesetzt hätte. Die Entscheidung,
die man trifft, muss also auch später von der Person getragen werden können.
Gerd stellt nun diese Frage an das Meister-Orakel: „Wie kann ich mit der
Situation im Hinblick auf das Projekt umgehen?"

Er zieht diese Karten für die Hexagramme:

Summe	Quer-summe	Grund-	Wandel-Hexagramm	Kern-
6: 13 + 3 = 16	7	━━━o	━ ━	━ ━
5: 10 + 12 = 22	4	━ ━	━ ━	━━━
4: 19 + 8 = 27	9	━━━	━━━	━━━
3: 11 + 16 = 27	9	━━━	━━━	━━━
2: 2 + 21 = 23	5	━━━	━━━	━━━
1: 1 + 17 = 18	9	━━━o	━ ━	━━━
		14	32	43

110

1. Linie = Keim/Quelle (Thema und Ursprung der Frage)
1 + 17 = der Magier und der Stern
Kurzkommentar: Es ist eine Chance aufgegriffen worden, in die viele Hoffnungen gesetzt worden sind, die hohen Zielen entsprach und Träume in scheinbar greifbare Nähe gerückt hat.
Diese Linie beschreibt genau das Thema und dessen Qualität für den Fragenden. Er hat sich auf das Projekt eingelassen, weil er darin tatsächlich eine gute Chance sah, die er von seinen Fähigkeiten her auch ausfüllen konnte.

2. Linie = Unterstützung (was fördert die Angelegenheit)
2 + 21 = die Hohepriesterin und die Welt
Kurzkommentar: Das innere Wissen um die eigentlichen Ziele, die allerdings dem Fragenden noch nicht transparent genug sind. Er muss noch daran arbeiten, sich diese mehr ins Bewusstsein zu bringen.
Diese Linie besagt, dass der Fragende seine Intuitionen stärker beachten sollte, auch wenn er sie noch nicht gleich einordnen kann. Das ist ein indirekter Hinweis darauf, dass der zeitliche Entwicklungsaspekt in der Frage auch zu beachten ist.

3. Linie = Umsetzung (wie kann die Angelegenheit umgesetzt werden)
11 + 16 = die Kraft und der Turm
Kurzkommentar: Beharrlich das Ziel verfolgen, das einem am wichtigsten ist, und Begrenzungen abschütteln, auch wenn es schwer fällt und zeitweise zu Verstimmungen führt.
Bei dieser Linie zeigt sich zusätzlich die vom Fragenden empfundene große Gegensätzlichkeit in Bezug auf das Thema: entweder durchhalten oder ausbrechen. Und tatsächlich sagt ihm die Linie der Umsetzung auch, dass er aus dem Aspekt der Sache, der ihn einengt, herausgehen sollte. Hier muss mit dem Kooperationspartner ein klärendes Gespräch geführt werden, das zwar recht vehement verlaufen wird, doch die Positionen absteckt.

4. Linie = Planung (was ist zu beachten, zu planen)
19 + 8 = die Sonne und die Gerechtigkeit
Kurzkommentar: Sich Zeit geben, die Dinge reifen zu lassen, und sich mit dem unmittelbaren Umfeld abstimmen, das seinerseits einmal Rücksicht nehmen darf.

Bei der Linie der Planung kommt der Hinweis für den Fragenden, zunächst erst einmal für die eigenen Belange Sorge zu tragen, sprich: sich Zeit für Regeneration zu gönnen: die eigenen Kräfte wieder herzustellen.

5. LINIE = HERRSCHER (WODURCH WIRD DIE ANGELEGENHEIT BEHERRSCHT)
10 + 12 = das Rad und der Hängende
KURZKOMMENTAR: Das eigene Lebensrad wird wieder in Schwung gebracht, allerdings sind damit auch Zugeständnisse verbunden, die erfordern, dass man sich von einigen Vorstellungen löst.
Die Herrscher-Linie des Hexagramms verweist darauf, dass der Fragende nicht auf allen Hochzeiten tanzen kann. Der Wechsel kann erst greifen, wenn er sich auf das konzentriert, was für ihn selbst wirklich wichtig ist, auch wenn ihm dadurch etwas entgehen sollte.

6. LINIE = BERATER (WAS IST DIE TIEFERE/HÖHERE MOTIVATION FÜR DIE ANGELEGENHEIT)
13 + 3 = der Tod und die Herrscherin
KURZKOMMENTAR: Erst wenn man wirklich den Weg und Platz für Neues vorbereitet hat, indem man mit Altem gründlich aufräumt, wird man die Früchte seiner Bemühungen und Anstrengungen ernten können.
Hinter dem gesamten Vorgang steht für den Fragenden das Bild der tief greifenden Wandlung, ein neuer fruchtbarer Lebensabschnitt eröffnet sich, wenn er das „Entgangene", das die 5. Linie anzeigt, nicht als Verlust betrachtet, sondern als „Schnee von gestern", der ihm keine sinnvolle Entwicklung ermöglicht hätte.

Schauen wir uns jetzt die Kommentare des I Ging für die Hexagramme an, denn sie runden die Deutung und Auswertung sehr schön ab.

GRUNDHEXAGRAMM 14 DER BESITZ VON GROSSEM
ORIGINALKOMMENTAR: Sie fühlen sich durchdrungen von großer Energie und Kraft, so dass Ihnen vieles mit Leichtigkeit gelingt. Konzentrieren Sie sich jedoch auf ein Ziel bzw. setzen Sie sich eines, damit Ihnen diese positive Phase auch insgesamt und langfristig Nutzen bringt.
DEUTUNG: An sich hatte das Projekt mit den besten Absichten begonnen, doch da es nun erheblich stockt, sollte der Fragende sich aus dem Projekt zurücknehmen und sich wieder auf seine eigenen Ziele besinnen, um daraus etwas für sich in Bewegung zu bringen.

WANDELHEXAGRAMM 32 DIE DAUER

ORIGINALKOMMENTAR: Bleiben Sie konstant und engagiert in Richtung auf ein Ziel. Es ist jetzt keine Zeit, um irgendwelche Veränderungen anzustreben, obwohl Ihnen gerade das sehr reizvoll erscheint. Üben Sie sich noch in Geduld und klären Sie mit sich, was Sie wirklich wollen.

DEUTUNG: Das verstärkt nochmals die Tendenz des Grundhexagramms und weist darauf hin, dass jetzt noch nicht unmittelbar die Zeit für eine endgültige Klärung der Sache ist. Bevor nämlich die innere Gewissheit nicht präsent ist, nützt auch eine Veränderung wenig, da sie nicht tragfähig genug ist!

KERNHEXAGRAMM 43 DER DURCHBRUCH (DIE ENTSCHLOSSENHEIT)

ORIGINALKOMMENTAR: Treten Sie bestimmt und kompromisslos für Ihre gerechte Sache ein – der Erfolg ist Ihnen sicher. Lassen Sie sich, bei allem Verständnis für die Belange anderer, nicht durch falsche Gefühle korrumpieren, denn es steht einiges auf dem Spiel für Sie.

DEUTUNG: Hier wird gewissermaßen ein Ausblick gegeben. Letztlich wird der Fragende seine eigenen Interessen und Ziele durchsetzen (müssen). Es geht nicht darum, einem anderen zu folgen, sondern wirklich den eigenen Standpunkt zu vertreten. Bis zum maßgeblichen Moment sollte der Fragende sich schon jetzt innerlich darauf einstimmen und eine festere Position für sich selbst gewinnen. Damit hat er im entscheidenden Augenblick, der auch durch X, das Rad, auf der 5. Linie im Hexagramm angezeigt ist, die Trümpfe in der Hand, sprich: die besseren Voraussetzungen.

Interessanterweise enthält das Orakel keinen besonderen Hinweis darauf, dass Gerd das Projekt allein weiterverfolgen soll, was durchaus eine Möglichkeit gewesen wäre. Doch gemäß seiner Darstellung verfügt er nicht über die Verbindungen seines Kooperationspartners und ist selbst kein Vertriebsprofi, sondern der kreative Entwickler in diesem Team. Deshalb kommt es für ihn nicht in Frage, das Projekt in eigener Regie weiterzuführen, zumal er selbst noch andere Ambitionen hegt, die seinen Fähigkeiten mehr entsprechen. Sein Schluss aus dem Orakel ist denn auch, sich zunächst aus dem Projekt zurückzuziehen, um sich Aufgaben zu widmen, die ihm näher liegen. Das hat für ihn die Gesamtsituation auch wesentlich entschärft, so dass er wieder Kraft und Energie zur Verfügung hat, die während der zermürbenden Phase in der letzten Zeit des Projektes doch etwas verloren gegangen sind.

Gerd will nach einigen Wochen erneut eine Befragung des Orakels durchführen. Er gibt an, dass er sich nach der ersten Befragung von seinem Kooperationspartner getrennt hat, und zwar noch zum richtigen Zeitpunkt, denn dieser sei mittlerweile auf eine Schiene gerutscht, die Gerd als nicht mehr seriös empfindet. Insofern habe er rechtzeitig mit dem „Alten" (aus dem vorangegangenen Beispiel) aufgeräumt, doch für ihn sei konkret noch nichts Neues in Sicht. Es kommt ihm so vor, als ob er völlig in der Luft hängt und noch gar nichts so recht anpacken kann, zumal er sich ohne Schaffenskraft, ermattet und etwas isoliert empfindet.

Folgende Frage stellt er an das Orakel: „Wie kann ich meine Situation insgesamt wieder in eine erfolgreiche Bahn lenken?"

Er erhält folgende Tarotkarten für die Hexagrammlinien:

Summe	Quer-summe	Grund-	Wandel-	Kern-
			Hexagramm	
6: 19 + 5 = 24	6	— —	— —	——
5: 10 + 9 = 19	1	——	——	——
4: 20 + 7 = 27	9	——	——	— —
3: 2 + 8 = 10	1	——o	— —	——
2: 0 + 11 = 11	2	— —o	——	— —
1: 18 + 1 = 19	1	——	——	——
		49	58	37

Betrachten wir zunächst die Hexagramm-Texte:

GRUNDHEXAGRAMM 49 DIE UMWÄLZUNG (DIE MAUSERUNG)
ORIGINALKOMMENTAR: Es bereitet Ihnen momentan ziemliche Schwierigkeiten, sich auf die Veränderungen um Sie herum einzustellen oder diesen überhaupt zu folgen. Lassen Sie sich davon nicht verrückt machen, sondern behalten Sie einen klaren Kopf, dann wird sich letztendlich doch noch ein Vorteil für Sie einstellen.
DEUTUNG: Der Kommentar zum Text stellt den Bezug zur aktuellen Situation des Fragenden her – Gerd empfindet seine Situation als ziemlich dramatisch und das verführt leicht dazu, den Kopf zu verlieren. Das I Ging sagt ihm, dass sein Empfinden für die Situation zwar durchaus berechtigt ist, jedoch keinesfalls zu einer Verunsicherung oder inneren Krise in diesem Ausmaß führen sollte.

WANDELHEXAGRAMM 58 DAS HEITERE, DER SEE

ORIGINALKOMMENTAR: Echte Freude wird im Unterschied zur Belustigung durch eine innere Ergriffenheit getragen. Nur so können Sie sie auf andere übertragen und dann selbst wieder ein positives Feedback bekommen. Das wird Ihnen helfen, auch Ihre schwierige Lage zu meistern.

DEUTUNG: Belustigung oder Galgenhumor dienen nur zur Kompensation, aber nicht zur Lösung eines Problems. Zwar sind sie in Richtung auf eine Wende aus einer pessimistischen inneren Disposition ein möglicher Schritt, der zunächst eine notwendige Distanz zum Problem selbst schaffen kann. Das I Ging aber rät eindeutig zu einem Wandel in der inneren Haltung, bevor konkret etwas unternommen werden kann.

KERNHEXAGRAMM 37 DIE SIPPE

ORIGINALKOMMENTAR: Die Verbindungen zwischen Menschen sollten natürlich gewachsen sein und auf Liebe, Respekt und Achtung aufbauen – insoweit entstehen Vorteile, vor allem wenn zusätzlich Dauerhaftigkeit und Beständigkeit hinzukommen.

DEUTUNG: Gerd wird Anschluss an andere Menschen finden, neue für ihn wichtige oder förderliche Kontakte schließen, sofern er die Verbindungen auf natürliche Weise entstehen lässt. Die Verbindungen müssen sich aus dem Fluss des Lebens heraus ergeben, wenn die Wege von Menschen sich kreuzen und eine gemeinsame Resonanz erkennbar wird. Was zusammengehört, findet sich fast wie von selbst, ohne dass man es herbeizwingen muss, gelegentlich auch erst über einen kleinen Umweg oder auch nur vorübergehend.

Betrachten wir nun die Linien über die Tarotkarten. Die Deutung der Tarotkarten lässt sich zunächst etwas vereinfachen, indem die Verbindung beider Karten über ein kleines Satzmuster hergestellt wird: Die erste Karte sagt etwas aus *in Bezug* auf die zweite Karte. Für den ersten Zugang reicht es aus, zunächst ein möglichst passendes Stichwort zur Qualität der Karte zu wählen und daraus einen Satz zu bilden.

Beispiel: Der Ursprung der Frage liegt in der Krise (18) in Bezug auf die eigene Schaffenskraft und die eigenen Möglichkeiten (I). Das ist ein erster Ansatz für einen Deutungskommentar, der sich mit einer erweiterten Deutung noch vertiefen lässt, bei der man die Situation des Fragenden mit einbezieht. Für die Linien unseres Beispiels lässt sich das wie folgt umsetzen:

1. LINIE = KEIM/QUELLE (THEMA UND URSPRUNG DER FRAGE)
18 + 1 = der Mond und der Magier
VEREINFACHTE DEUTUNG: Der Ursprung der Frage liegt in der Krise in Bezug auf die eigene Schaffenskraft und die eigenen Möglichkeiten.
ERWEITERTE DEUTUNG: Die erste Linie beschreibt schon in der einfachen Form recht gut den Beweggrund, der zur Befragung geführt hat. Es erübrigt sich also eine erweiterte Deutung.

2. LINIE = UNTERSTÜTZUNG (WAS FÖRDERT DIE ANGELEGENHEIT)
0 + 11 = der Narr und die Kraft
VEREINFACHTE DEUTUNG: Gefördert wird die Sache durch einen positiven Impuls in Bezug auf die eigene innere Kraft und Beharrlichkeit.
ERWEITERTE DEUTUNG: Diese Linie beinhaltet eine Aufforderung an den Fragenden, sich auch gegen offensichtliche Hemmnisse für völlig neue Impulse zu öffnen, unbelastet voranzuschreiten und sich durch nichts dabei beeinträchtigen zu lassen, selbst wenn die augenblickliche Situation für ihn wenig erbaulich ausschaut.

3. LINIE = UMSETZUNG (WIE KANN DIE ANGELEGENHEIT UMGESETZT WERDEN)
2 + 8 = die Hohepriesterin und die Gerechtigkeit
VEREINFACHTE DEUTUNG: Die Sache kann umgesetzt werden mit dem inneren Wissen in Bezug auf die Zusammenhänge in der Gemeinschaft.
ERWEITERTE DEUTUNG: Der Fragende erkennt intuitiv die Zusammenhänge, deutet sie für sich jedoch aktuell nicht richtig, sondern muss sie neu bewerten in Abstimmung mit seinem Umfeld. Er sollte sich darauf einstellen, auf veränderte Bedingungen einzugehen.

4. LINIE = PLANUNG (WAS IST ZU BEACHTEN, ZU PLANEN)
20 + 7 = die Entscheidung und der Wagen
VEREINFACHTE DEUTUNG: Zu beachten ist die innere Gewissheit in Bezug auf die eigene Leistung.
ERWEITERTE DEUTUNG: Der Fragende muss sich Gewissheit darüber verschaffen, in welche Richtung er den Wagen lenken will. Er ist fähig, viel zu leisten und auch Erfolg damit zu haben, doch braucht er dazu zuerst seine eigene innere Sicherheit, die für ihn keinen Zweifel mehr offen lässt.

5. LINIE = HERRSCHER (WODURCH WIRD DIE ANGELEGENHEIT BEHERRSCHT)
10 + 9 = das Rad und der Eremit

Vereinfachte Deutung: Beherrscht wird die Sache durch eine Chance zum Wechsel in Bezug auf die persönliche Zurückgezogenheit oder hier sogar Isolation.

Erweiterte Deutung: Auch diese Linie weist auf eine Phase der Veränderungen für den Fragenden, die seine Lebenssituation insgesamt betreffen. Gleichzeitig drückt sie aus, wie sich der Fragende innerlich hin und her gerissen fühlt zwischen dem Puls des Lebens (u. a. zum Broterwerb) und der persönlichen Zurückgezogenheit, die er für seine persönliche Entwicklung braucht. Diese Linie weist über den Tarot-Kontext deutlich auf das Kernhexagramm 37, die Sippe, das sich auch auf die natürlich gewachsenen Verbindungen innerhalb einer Gemeinschaft bezieht. Der Fragende darf sich ruhig darauf einstellen und vorbereiten, dass sich mit ihm Menschen zu einer neuen Gemeinschaft zusammenfinden werden.

6. Linie = Berater (was ist die tiefere/höhere Motivation für die Angelegenheit)

19 + 5 = die Sonne und der Hohepriester

Vereinfachte Deutung: Die höhere Motivation der Sache findet sich in der Reifung in Bezug auf eine geistig-spirituelle Autorität.

Erweiterte Deutung: Im Anschluss an die fünfte Linie ist es nicht auszuschließen, dass der Fragende im Rahmen dieser Gemeinschaft eine geistige Führer- oder Wegweiserfunktion wird ausfüllen müssen. Unter diesen Voraussetzungen betrachtet, ist seine jetzige Situation schon als eine letzte Bewährungsprobe vor einem entscheidenden Durchbruch zu verstehen. An sich ist das auch bereits in der ersten Linie angezeigt, wenn 18, der Mond, gleich als Bewährungsprobe aufgefasst wird.

An diesem Beispiel können Sie gut nachvollziehen, wie sich über einen Deutungsschritt ein nächster ergibt, der auch zuvor liegende Karten in einem neuen Licht erscheinen lässt. Das ist wichtig für die Gesamtdeutung, die auch die Verbindung der Karten zueinander berücksichtigt. Es ist wichtig, wie Sie selbst die einzelnen Schritte in der Deutung Ihres Orakels durchführen, verfolgen und sich entwickeln lassen. Das macht letztlich den Gewinn der Orakelbefragung aus, weil Sie damit einen Weg gehen, der Sie an einen neuen Punkt bringt, wenn auch nur mental. Doch stehen Sie nach der Befragung anders da als vorher, und das ist oft das kleine Zünglein an der Waage, das entscheidet, wie wir im Leben vorwärts kommen, auch in der Bewältigung des oft grau erscheinenden Alltags.

Nun wollen wir nach der Aufschlüsselung der Tarotkarten auch die Hexagrammtexte einer erweiterten Deutung unterziehen und sehen, inwieweit sich die ersten Deutungen noch ergänzen oder konkretisieren lassen.

GRUNDHEXAGRAMM 49 DIE UMWÄLZUNG (DIE MAUSERUNG)
ERWEITERTE DEUTUNG: Gerd befindet sich in einer Phase der Veränderung, die für ihn in der Tat zunächst schwer durchschaubar ist, weil sich für ihn keine konkrete Möglichkeit abzeichnet, wie er selbst etwas aktiv tun kann, um seine Lage erst einmal in ein ruhigeres Fahrwasser zu bringen. Seine Verunsicherung ist verständlich, doch trägt sie nicht zur Verbesserung der Situation bei.

WANDELHEXAGRAMM 58 DAS HEITERE, DER SEE
ERWEITERTE DEUTUNG: Für Gerd ist es eher angebracht, wieder zur Heiterkeit eines Narren zu finden, wie es das gleichnamige Tarotbild anzeigt. Nur indem er selbst etwas Positives nach außen strahlt, wird er für andere „attraktiv" – wer möchte sich schon gern freiwillig mit einem Pessimisten oder Verlierer zusammentun. Andersherum ausgedrückt: Wer sich nicht mehr von einer schwierigen äusseren Situation die innere Haltung „verderben" lässt, der hat sich wirklich zu einem kleinen „Helden des Alltags" entwickelt, der wirklich über innere Stärke und Kraft verfügt.

KERNHEXAGRAMM 37 DIE SIPPE
ERWEITERTE DEUTUNG: Das Kernhexagramm drückt immer etwas aus, das sich noch hinter der aktuellen Situation verbirgt, aber sich bereits vorbereitet und damit ankündigt. Für Gerd heißt das auch, dass er seine von ihm empfundene Isolation durchbrechen muss, da sich über dieses Hexagramm andeutet, dass sich eine neue und intensivere Qualität bei Verbindungen zu anderen abzeichnet. Gerd muss aber diese Verbindungen wachsen lassen, weil sonst die gemeinsame Substanz fehlt, auf der sich etwas Solides aufbauen lässt. Dieser Ausblick ist als eine wegweisende Motivation zur Unterstützung bei dem Weg heraus aus der akuten Krise zu verstehen. Das muss Gerd zunächst allein leisten, bevor er sich mit anderen wirklich zusammentun kann. Seine persönliche Ausstrahlung bestimmt dann seine Stellung innerhalb dieser Gemeinschaft.
Es mag für einen Außenstehenden wie eine Selbstverständlichkeit klingen, was das Orakel Gerd sagen will, doch was von der Logik und vom Verstand her an sich klar und eindeutig ist, muss für das seelisch-emotionale

Empfinden noch lange nicht auch so beschaffen sein. Hier muss oft erst Transparenz erzeugt werden, damit sich das seelisch-emotionale Empfinden für das öffnen kann, was vom Kopf her völlig klar ist. Hier hilft das Orakel, den Fluss zwischen Kopf und Bauch wiederherzustellen und den Fragenden wieder in die eigene Mitte zu bringen.

Hinweis: Entscheidend für die Orakeldeutung ist die Bildung eines *eigenen* Kommentars. Erst über diesen Kommentar erstellen Sie den Bezug zu Ihrer ganz persönlichen Situation. Das macht zwar ein wenig mehr Mühe gegenüber dem reinen Nachlesen „vorgekauter" Buchkommentare, doch können die auch nur begrenzt die persönliche Situation wiedergeben, da eben nicht alle persönlichen Möglichkeiten erfasst werden können. Oder möchten Sie sich etwa durch viele, viele Seiten von möglichen Deutungen hindurchquälen, nur um nach der für Sie persönlich zutreffenden zu suchen? Sicher nicht, denn die Zeit können Sie sinnvoller verbringen. Der Ansatz dieses Buches ist hierin weitaus flexibler, weil er Ihnen auch einen methodischen Weg zur Bildung eigener Deutungskommentare aufzeigt. Mit dieser Flexiblität werden Sie letztlich weiter kommen, weil die Kommentare immer auf die aktuelle Situation abgestimmt werden müssen und damit auch die persönliche Entwicklung besser reflektieren. Außerdem bleibt auf diese Weise auch eine engere Verbindung zur ursprünglichen Symbolik des Orakels erhalten, da Sie Ihre Kommentare aus der Wurzel herleiten und nicht aus einem Seitenast, der kaum noch eine Verbindung zur Wurzel erkennen lässt.

Die Kleinen Arkana des Tarot

Der Stellenwert der Kleinen Arkana sollte nicht zu hoch angesetzt werden, denn nur die Großen Arkana stellen die Grundmuster des Lebens dar. Es ist für bestimmte Zusammenhänge schon sinnvoll, auf die Kleinen Arkana zurückzugreifen, beispielsweise wenn es um Belange des Alltags geht. Außerdem können sie dazu beitragen, einen sanften Übergang zur Tiefe der Großen Arkana zu finden.

Die Kleinen Arkana gliedern sich in vier Serien zu je 14 Karten. Diese 14 Karten setzen sich aus 10 Zahlenkarten von As bis 10 und 4 so genannten Hofkarten zusammen, die typische Figuren der höfischen Struktur des Mittelalters zeigen: König, Königin, Ritter und Page. Im Crowley-Tarot heißen die Figuren: Ritter (entspricht dem König), Königin, Prinz (entspricht dem Ritter) und Prinzessin (entspricht dem Pagen). Im Rider-Waite-Tarot heißen die Figuren König, Königin, Ritter und Bube (der dem Pagen entspricht).

Die vier Serien werden den vier Elementen der Philosophie zugeordnet, die als Modell zur Erklärung der Erscheinungen in der Welt herangezogen werden. Die Stab-Serie entspricht dem Element Feuer, die Münz-Serie dem Element Erde, die Schwert-Serie dem Element Luft und die Kelch-Serie dem Element Wasser. Mit dieser ersten Grundzuordnung lassen sich zu jeder Serie bestimmte Bereiche aus dem Leben angliedern, die der Qualität und den Eigenschaften des Elementes entsprechen.

Die vier Elemente stehen für bestimmte Seinsbereiche. Feuer repräsentiert Aktivität und Handeln. Erde wird mit der Materie und dem sinnlich Greifbaren identifiziert. Luft stellt das geistige Prinzip dar und Wasser schließlich steht für die Welt der Gefühle.

Die Zahlenkarten beziehen sich auf Handlungen, Zustände usw., über die der Fragende mit seiner Umwelt in Verbindung steht. Bei der Deutung der Zahlenkarten ist auch eine Aufschlüsselung der Zahlensymbolik – die selbstverständlich auch für die Großen Arkana von Bedeutung ist – hilfreich. Sie bietet den Zugang zum Grundmotiv der jeweiligen Zahlenkarte.

1 (As) = Prinzip: Anfang, Ursprung und Gesamtheit.
2 = Orientierung: Ausrichtung, Richtungssuche.
3 = Konsolidierung: Festigung, Formbildung.

4 = Kumulation: (An-)Sammlung, Anhäufung.
5 = Reduktion: Phase der Wende, Minderung, Ausgrenzung.
6 = Aktion: Zielgerichteter Impuls.
7 = Projektion: Ausdehnung, Vergrößerung, Übertragung.
8 = Reaktion: Ausführung, Rückwirkung.
9 = Progression: Zunahme, Steigerung.
10 = Kulmination: Wechsel, Höhe- oder Wendepunkt.

Man kann die Deutung der Zahlenkarten sehr leicht aus der Zahlensymbolik ableiten, muss dabei aber noch das Element (Feuer, Erde, Luft oder Wasser) der entsprechenden Serie mit einbeziehen. So ist das Kelch As in der Grundform das Prinzip (As) des Fühlens (Element Wasser), Kelch Sechs lässt sich als Impuls (6) des Fühlens (Wasser) übersetzen. Damit ist ein Grundmotiv erfasst, das einer Vielfalt von Situationen zugrunde liegt. Umgekehrt gesagt: Beim Deuten greift man immer einen bestimmten Ausschnitt aus dem Spektrum der vielen Möglichkeiten heraus.
Das gilt natürlich auch für die Hofkarten, die einmal als Person mit bestimmten Eigenschaften oder in einer bestimmten symbolischen Funktion gesehen werden können.

König   erwachsener Mann/Herr (z. B. als Inhaber einer Position)
Königin   erwachsene Frau/Herrin (wie oben)
Ritter   Jugendliche(r)/ausführende, bewegende Kraft
Page   Kind/der Überbringer von Botschaften

Auch hier muss man wieder das entsprechende Element in die Deutung mit einbeziehen. So ist der König der Kelche ein „Mann des Wassers" oder jemand in der Position eines Herrn des Wassers, beispielsweise ein Mann in einem seelsorgerischen Beruf, etwa ein Therapeut (das Element Wasser steht unter anderem für den seelischen Bereich und für Einfühlungsvermögen).
Die Karte kann aber auch den seelsorgerischen Beruf selbst charakterisieren. Ob es sich nun bei einer Hofkarte um eine konkrete Person oder um einen bestimmten Sachverhalt handelt, muss man jeweils aus dem Kontext der Frage und im Zusammenhang mit den anderen gezogenen Karten beurteilen, was bedeutet, dass man hier keine generell gültige Einteilung vornehmen kann, sondern bei jeder Legung neu entscheiden muss. Das macht die Deutung der Hofkarten manchmal nicht einfach.

Die Serie der Stäbe

Die Serie der Stäbe repräsentiert das Element Feuer und steht damit für das Prinzip der direkten Energieumsetzung, für physische Aktivitäten und natürliches Wachsen.

THEMA: Was und wie es getan wird.

BEGRIFFE: Tun, Energie, Handlungen, Tätigkeit, Gestaltung, Leistung, Arbeit, Berufsausübung, gestaltende Kunst, Erzeugung, Produktion, Handwerk, Forschung, Erkenntnis, Kontakt, Begegnung, Sex.

Stab As

Energie, Schaffenskraft und Unternehmungsgeist. Der Anfang von Vorhaben und Unternehmungen. Gute Voraussetzungen und Grundlagen sind vorhanden, um Ideen in echte Projekte und konkrete Vorhaben umzusetzen. Konzentrieren Sie Ihre Energie, damit der gelegte Samen sich zur vollständigen Pflanze entwickeln kann.

Stab 2

Planung oder gründliche praktische Vorbereitung eines Vorhabens. Kleine Schritte sind erfolgreicher als groß angelegtes Streben. Beachten Sie auch Details, die Ihnen unwichtig erscheinen, und arbeiten Sie im überschaubaren Rahmen.

Stab 3

Teamwork. Das Zusammenwirken verschiedener Kräfte, Fertigkeiten und Erfahrungen führt zu einer erfolgreichen Partnerschaft und Zusammenarbeit. Aufgaben sollten rechtzeitig verteilt werden, gemeinsam lässt sich mehr erreichen als allein: Jeder trägt aus seinem speziellen Spektrum zum Gelingen des Gesamten bei.

Stab 4

Die Sammlung von Kräften. Vervollständigung, Zusammenschluss und Gemeinschaft fördern Vorhaben und Unternehmungen. Eine Zusammenkunft erweist sich als förderlich. Geschäftspartner sind bei einem gemeinsamen Essen zwangloser als bei einem formellen Termin in sterilen Geschäftsräumen.

Stab 5

Zurückweisung, Scheitern an Hindernissen, bisherige Bemühungen stellen sich als vergebliches Streben heraus. In der beabsichtigten Richtung geht es nicht vorwärts: Der Kluge weicht aus und verschwendet keine weitere Kraft in der falschen Richtung bzw. auf ein ungeeignetes Ziel.

Stab 6

Initiative. Gezielt und zügig ein konkretes Ziel angehen. Eine Aufgabe, ein Vorhaben mit Elan erfolgreich auf den Weg bringen. Setzen Sie Ihre Energie und Tatkraft für ein bestimmtes Ziel ein, damit Sie sich nicht verzetteln: Nur ein Weg führt voran, alle anderen in die Irre oder auf Umwege.

Stab 7

Mit Mühe, Kraft, Ausdauer und Geschicklichkeit sind Widerstände erfolgreich zu überwinden. Danach geht es wieder voran. Durch blinden Aktionismus hat man selbst Widerstände hervorgerufen. Etwas bessere Vorbereitung und Voraussicht hätten weniger Probleme bereitet.

Stab 8

Es kommt zu anregenden Begegnungen mit förderlichem Energieaustausch, durchaus auch im Liebesspiel. Mit genügend Kraft lässt sich alles gut bewältigen und Sie haben rechtzeitig Gelegenheit zur Erholung.

Stab 9

Verzögerungen. Die Anforderungen steigen zu stark, Nebensächlichkeiten verhindern den Überblick, nehmen zu viel Zeit und Aufwand in Anspruch. In solchen Situationen sollten Sie nicht noch den Arm heben, wenn Arbeit und Aufgaben verteilt werden, das könnte zur Überlastung führen.

Stab 10

Mit großem Kraftaufwand ist etwas geschaffen worden. Das hat Verausgabung oder bereits den Aufbruch zu einem neuen Anfang zur Folge. Ein Wechsel in den Tätigkeiten oder im Tätigkeitsfeld ist durchaus angezeigt. Achten Sie auf Ihren Energiehaushalt, bevor Sie jetzt etwas Neues anfangen.

Stab König

ALS PERSON: Ein Mann mit dynamischer Tatkraft und ausgeprägter Durchsetzungsfähigkeit. Als gereifte Persönlichkeit erweist er sich als verlässlich und verfügt über viel Lebenserfahrung.
SYMBOLISCHE FUNKTION: Persönlicher, tatkräftiger Einsatz ist Voraussetzung für die Durchsetzung von Interessen und Vorhaben. Große Worte sind fehl am Platz, wenn es darum geht, die Dinge aktiv voranzubringen. Vorbildlicher Einsatz erweist sich als effizienter und zieht andere mit.

Stab Königin

Als Person: Eine dynamische, direkte und aufgeschlossene Frau mit Energie und Beharrlichkeit, die ihre Ziele auch gegen starke Widerstände erreicht. Sie kann sehr zäh sein, selbst wenn man es ihr nicht unbedingt zutrauen würde.

Symbolische Funktion: Vorhaben gelingen wider Erwarten, wenn sie mit Ausdauer verfolgt werden. Widerstände lassen sich mit Beharrlichkeit überwinden, da sie keine wirklichen Hemmnisse, sondern Verzögerungen darstellen.

Stab Ritter

Als Person: Unternehmungsfreudig, forsch. Bereit, ein Wagnis oder ein Abenteuer einzugehen. Er zieht es vor, ungebunden und möglichst frei zu sein. Um zügig voranzukommen, weicht er Hindernissen vorausschauend aus.

Symbolische Funktion: Eine zügig herbeigeführte Veränderung in Unternehmungen oder Vorhaben, z. B. durch Umzug oder Wechsel im Arbeitsbereich. Eine kürzere Reise. Ein Umweg wird sich hinterher als Abkürzung herausstellen.

Stab Page

Als Person: Aufgeweckt, direkt, abenteuerlustig und wagemutig. Er möchte seine Erfahrungen selbst machen. Er lässt sich leicht von neuen Eindrücken ablenken und damit erhält seine Entdeckungsreise in der Welt eine neue Richtung.

Symbolische Funktion: Neue Informationen weisen neue Wege auf. Der überraschende oder unerwartete Empfang einer Mitteilung auf direktem Weg, z. B. durch ein Gespräch oder Telefonat. Das löst etwas aus, was nicht so eingeplant war.

Die Serie der Münzen

Die Serie der Münzen repräsentiert das Element Erde und stellt das Prinzip der materiellen Energieform dar. Das beinhaltet Werte, Mittel und Wertverhältnisse – materiell wie ideell –, Zustände und Vorgänge, die sich auf Vermögen oder Geld beziehen, also auch Handel und Vermittlung.

THEMA: Was und wie es behandelt wird.

BEGRIFFE: Haben, Mittel, Werte, Besitz, Substantielles, Beruf, Erworbenes, Lohn, Wirtschaft, Produkt, Vermittlung, Dienstleistung, Handel, Ethik, Wertverhältnis, Bereitschaft, Hingabe.

Münz As

Grundlage der Existenz, der Beginn neuer Lebensverhältnisse. Materielle wie ideelle Werte, aus denen man schöpfen und etwas aufbauen kann. Die Grundsubstanz, die Sie stets bewahren und pflegen sollten, damit Sie immer wieder darauf zurückgreifen können.

Münz 2

Neubewertung der Verhältnisse und der Situation. Ein vorübergehender Engpass erfordert eine neue und sorgfältige Kalkulation, um die Lage richtig einschätzen zu können. Auch mit wenig lässt sich etwas erreichen. Setzen Sie nur das unbedingt notwendige Minimum ein und teilen Sie die Risiken auf.

Münz 3

Würdigung, Anerkennung oder Bewunderung für das, was man geleistet oder geschaffen hat. Das trägt zur Sicherung der Position und des Ansehens bei. Ihre Leistungen finden Beachtung und werden entsprechend gewürdigt. Das ist auch eine gute Motivation, um noch Besseres zu leisten.

Münz 4

Ansammlung von Besitz und Werten, an Errungenem oder Erworbenem wird festgehalten. Es könnte aber auch eine Neigung zu Geiz oder Besitzergreifung sein. Besitzstandwahrung heißt eben nicht an Erworbenem festhalten, weil es dadurch nicht wirklich wachsen oder Früchte tragen kann.

Münz 5

Es ist ein hoher Preis zu bezahlen oder es muss etwas in Kauf genommen werden, das zunächst eine Einschränkung zur Folge hat. Es sind unumgängliche Ausgaben oder Abgaben fällig, und die hat man nicht immer eingeplant. Jedoch verbleibt immer noch genug Substanz, mit der man unter Umständen erst lernen muss auszukommen.

Münz 6

Fördernde, gezielte Hilfe und Unterstützung, Begünstigung, Bewilligung oder auch Bevorzugung. Es gibt grünes Licht und gegebenenfalls Unterstützung für Vorhaben. Eine derartige Förderung schafft neue Voraussetzungen, um vorwärts zu kommen. Sofern es sich um echte Zuwendungen oder Geschenke handelt, ist das als günstig zu bewerten. Sollte es sich um einen Kredit oder ein Darlehen handeln, müssen Sie rechtzeitig an die Absicherung der Rückzahlung denken.

Münz 7

Erträge oder Überschüsse ermöglichen eine gezielte Anlage oder Investition. Aus- oder Weiterbildung, Wertanlage oder aktive Teilhaberschaft. Nutzen Sie Vorhandenes, damit es weiter Früchte für Sie trägt. Greifen Sie Chancen zur Fortbildung auf und investieren Sie auch in sich selbst.

Münz 8

Aufwertung der Lebensverhältnisse, Verhandlungen mit Einfluss auf den persönlichen Werdegang und sogar berufliches Vorwärtskommen oder Aufstieg. Sie haben sich bewährt, und das trägt jetzt Früchte, dass auf Ihre Kenntnisse und Erfahrungen gezählt wird. Sorgen Sie für einen guten Abschluss in der anstehenden Frage.

Münz 9

Wertsteigerung und -zuwachs zur Erhaltung von Status und Lebensstandard. Aber auch Entfremdung auf der persönlichen Ebene durch Karrierestreben, weil man sich zu sehr von den damit verbundenen Anforderungen in Anspruch nehmen lässt. Vorübergehend kann das auch von Partnern in Kauf genommen werden, doch sollte zur rechten Zeit für einen Ausgleich gesorgt werden.

Münz 10

Die Verhältnisse erlauben es, dass man sich etwas leisten kann, das ein wenig aus dem Rahmen fällt. Sie könnten sich durchaus eine Abwechslung gönnen, indem Sie die Freizeit für den Besuch kultureller Veranstaltungen oder Geselligkeiten nutzen. Sollten Sie gar einen Urlaub planen oder eine Reise ins Ausland antreten?

Münz König

ALS PERSON: Ein jovialer, geselliger und redegewandter Mann, der es versteht, klug und geschickt Verhandlungen zu führen. Er achtet zwar schon auf seinen Vorteil, kann aber auch uneigennützig sein.

SYMBOLISCHE FUNKTION: Verhandlungen werden zum Erfolg geführt, indem eine kompetente, vermittelnde Person eingeschaltet oder hinzugezogen wird. Stimmen Sie jedoch rechtzeitig vorher die Konditionen und Bedingungen ab.

Münz Königin

ALS PERSON: Eine umgängliche, wohlwollende, aber auch vorsichtige Frau, die erst prüft, bevor sie sich auf etwas einlässt. Sie ist auf Sicherheit bedacht und erweist Gefälligkeiten erst, wenn sie selbst dadurch keine Einbußen erleidet.

SYMBOLISCHE FUNKTION: Aus Kontakten oder Beziehungen ergeben sich Vorteile, z. B. indem eine Gefälligkeit erwiesen wird. Jetzt sollten bewährte Verbindungen genutzt werden, um etwas zu erreichen.

Münz Ritter

ALS PERSON: Gründlich, zuverlässig und verantwortungsbewusst. Er bleibt unbeeindruckt und ruhig, bis er bedroht wird, dann verteidigt er sich mit aller Kraft und allen Mitteln.

SYMBOLISCHE FUNKTION: Vereinbarungen oder Absprachen müssen eingehalten oder kontrolliert werden. Ein scheinbar reibungsloser Ablauf sollte nicht zur Bequemlichkeit verleiten. Verträge sollten auf Stimmigkeit und Ausgewogenheit geprüft werden.

Münz Page

ALS PERSON: Verspielt, gemächlich und ein wenig umständlich, dass es oft so scheint, als ob er sich mit vielen Dingen unnötig schwer tut. Er versucht einen Weg zu finden, der eventuell einen leichteren Umgang oder Zugang ermöglicht.

SYMBOLISCHE FUNKTION: Ungewöhnliche Neuigkeiten führen in vieler Hinsicht zum Umdenken. Solange Sie flexibel genug bleiben, werden Sie gut damit zurechtkommen. Schriftliche Nachrichten beinhalten neue oder ungewohnte Ideen.

Die Serie der Schwerter

Die Serie der Schwerter repräsentiert das Element Luft und steht damit für das Prinzip der gedanklichen wie emotionalen Energie. Der Verstand, der durch Denken fähig ist, zu unterscheiden, zu trennen, logische Folgerungen zu ziehen und zu überlegen. Emotionen, die durch augenscheinlich rational-einsichtige Argumente, Worte oder Sachzwänge hervorgerufen werden und sich als Sorgen, Konflikte, Probleme oder Streit äußern.

THEMA: Was und wie es zum Ausdruck gebracht wird.

BEGRIFFE: Denken, Worte, Verstand, Vernunft, Ratio, Sachlichkeit, Wissenschaft, Rechtswesen, Politik, Diplomatie, Verwaltung, Bürokratie, Presse, Kommunikation, Auseinandersetzung, Konfrontation, Konflikt, Stimulanz.

Schwert As

Mit Verstand, Sachlichkeit und Nüchternheit lassen sich Konflikte, (an)gespannte Beziehungen und Sorgen analysieren und auf den Punkt bringen. Emotionen führen zu Missverständnissen, Fehlverhalten oder zu Aggressionen. Noch lassen sich Konflikte an der Wurzel packen bzw. im Keim ersticken.

Schwert 2

Argument steht Gegenargument gegenüber und beides kann so nicht aufgelöst werden. Deshalb entstehen Stillstand, Wankelmut und Unentschlossenheit. Prüfen Sie die Zulässigkeit der Argumente, damit nicht Äpfel mit Birnen verglichen werden.

Schwert 3

Interessenkonflikt. Es werden Widersprüche deutlich, die zu Verunsicherung oder Verwirrung führen. Wenn es Ihnen jetzt gelingt, Emotionen herauszuhalten, sollten Sie zu einer klaren Position finden, um die Knoten zu entwirren.

Schwert 4

Äußere Rückschläge (z. B. gesundheitlich, finanziell) zwingen zur Besinnung. Diese Zeit kann konstruktiv zur Sammlung und Ordnung der Gedanken und inneren Haltung beitragen. Ziehen Sie sich notfalls zurück, um in Ruhe eine Entscheidung wachsen und reifen zu lassen.

Schwert 5

Eine momentane Schwäche, die leicht von anderen ausgenutzt wird. Ablehnung, Absage. Eine Absprache wird rückgängig gemacht. Man sieht sich hintergangen. Versuchen Sie die Dinge auf die wesentlichen Punkte zu bringen. Grenzen Sie die Schwerpunkte ein und Überflüssiges bzw. Nachrangiges aus.

Schwert 6

Ein vorübergehendes Ausweichen vor undurchsichtigen Auseinandersetzungen schafft zwar Distanz und Ruhe, aber noch keine definitive Lösung. Der Ausweg verhilft Ihnen zu einer neuen Betrachtungsweise und die „gewonnene" Zeit sollte genutzt werden, um konstruktive und ungewöhnliche Ideen zur Lösung zu entwickeln.

Schwert 7

Voraussicht und Umsicht führen zum Erfolg, doch ist es schwierig, die Intentionen anderer direkt zu durchschauen. Hier hilft nur Achtsamkeit und das Berücksichtigen von Eventualitäten, um zu einer tragfähigen Lösung oder Entscheidung zu finden. Lassen Sie sich kein X für ein U vormachen.

Schwert 8

Konfrontation mit erheblicher Kritik, Vorhaltungen oder Anschuldigungen. Es treten unangenehme Wahrheiten zutage, die sich nicht länger verschleiern oder verstecken lassen. Es geht weniger um Schuld als vielmehr darum, sich der eigenen Verantwortung zu stellen, den Dingen ins Auge zu sehen und nicht den Kopf in den Sand zu stecken.

Schwert 9

Zuspitzung einer kritischen Situation durch Emotionen oder eine sture Entschlossenheit. Aggressionen führen zu Leid und Schmerz. Anstatt nüchtern die Situation zu analysieren, lässt man sich durch Emotionen zu etwas hinreißen, das man hinterher schnell bedauern könnte. Jetzt ist es noch nicht zu spät, entsprechend einzulenken bzw. umzudenken.

Schwert 10

Ernüchterung, Resignation, Niedergeschlagenheit, eine schmerzliche Erfahrung. Jetzt entscheiden die Folgeschritte über den positiven oder negativen Effekt. Sie halten es in der Hand, ob sich noch eine positive Wendung herbeiführen lässt: Wenn Sie die Lehre daraus begriffen haben, werden Sie künftig anders mit derartigen Situationen umgehen.

Schwert König

Als Person: Ein kühl, sachlich und nüchtern wirkender Mann, der sich gern auf fachliche Kompetenzen oder sachbezogenes Wissen stützt. Er kann auch sehr glatt wirken, weil er es versteht mit Worten umzugehen. Vergewissern Sie sich, welche Substanz hinter den Worten steht.
Symbolische Funktion: Eine Entscheidung mit weit reichenden Konsequenzen, die durch sachliche, faktische Erfordernisse geprägt ist. Beschlüsse sind nicht nach Gefühl zu treffen.

Schwert Königin

Als Person: Eine kühl-reserviert oder unpersönlich wirkende Frau, die nicht unbedingt entschlussfreudig ist, aber dennoch über einige Raffinesse verfügt. Sie lässt sich nicht gern festlegen und hält sich lieber ein Hintertürchen offen.

Symbolische Funktion: Trennungen oder Enttäuschungen, die perönlich treffen oder verletzen, zumal wenn man einer Raffinesse erlegen ist, weil man die Äußerungen anderer nicht richtig verstanden bzw. „abgeklopft" hat.

Schwert Ritter

Als Person: Impulsiv, aufbrausend und zur Opposition neigend. Er bringt durchaus Unruhe ins Leben, doch gelegentlich ist es angebracht, aus zu ruhigen Bequemlichkeiten aufgerüttelt zu werden.

Symbolische Funktion: Eine Provokation, Nötigung, unangenehme Auseinandersetzungen. Schalten Sie entweder übergeordnete Instanzen ein oder geben Sie als der Klügere vorübergehend nach, um bei passender Gelegenheit die Dinge wieder zurechtzurücken.

Schwert Page

Als Person: Skeptisch, oft zwischen Stimmungen schwankend oder gar mimosenhaft erscheinend, weil er sich unverstanden fühlt. Deshalb ist es oft anstrengend, mit ihm zurechtzukommen bzw. den rechten Zugang zu ihm zu finden.

Symbolische Funktion: Unachtsamkeit, eine Nachricht oder ein Hinweis ist genau zu prüfen, denn der Inhalt kann missverständlich oder falsch sein. Mit Diplomatie lässt sich die Situation am ehesten bewältigen.

Die Serie der Kelche

Die Serie der Kelche repräsentiert das Element Wasser und stellt das Prinzip der gefühlsmäßigen Energie dar. Das umfasst Gefühle, Empfindungen, Stimmungen, Vertrauen.

THEMA: Was und wie etwas empfunden wird.

BEGRIFFE: Stimmungen, Eindrücke, Gefühl, Empfindung, Vertrauen, Treue, Religion als Glaube, Sitte, Moral, Ästhetik, Wertschätzung, Seelsorge, Beziehung (Verwandtschaft), Erotik, Sympathie.

Kelch As

Gemeinsame Vertrauensbasis und Harmonie. Die beste Voraussetzung für jegliche Partnerschaft, Freundschaft, berufliche Verbindung oder Liebesbeziehung. Der Beginn eines Vertrauensverhältnisses. Auf der Grundlage von vielen Gemeinsamkeiten und Übereinstimmungen lässt sich etwas Solides aufbauen.

Kelch 2

Geben und Empfangen von Zärtlichkeit und Zuwendung. Intime Zweisamkeit. Stilles Einverständnis und Verstehen, eine innige Kommunikation, die keiner Worte bedarf: Es reicht ein Blick, und damit öffnet sich die Welt. Sich gegenseitig annähern und sich einander aufrichtig anvertauen können.

Kelch 3

Aufmunternde und gelöste Atmosphäre, Heilung und Genesung durch Zuspruch, vertrauter und zwangloser Umgang miteinander. Wohltuende emotionale, persönliche Zuwendung. Pflege und Begleitung bei Heilungsprozessen sollten berücksichtigt werden: Persönliche Aufmerksamkeit und Herzlichkeit tragen viel zum Heilerfolg bei.

Kelch 4

Traurige, gedrückte Stimmung. Unlust, Schwermut oder Überdruss. Grübeleien, Selbstmitleid oder Selbstzweifel. In dieser trüben Phase stecken jedoch auch große Regenerationskräfte, denen Raum zur Entfaltung zu geben ist, um sich wieder als Phönix aus der Asche zu erheben. Wenn es zu dunkel wird, schalten Sie doch einfach das Licht an!

Kelch 5

Enttäuschung, Vertrauensverlust. Versprechen sind nicht eingehalten oder eingelöst worden. Man fühlt sich hintergangen und verletzt, ja sogar missachtet. Das ist zwar schmerzlich, doch wenn Sie den Blick darauf richten, was verblieben ist, werden Sie feststellen, dass sich die Situation eigentlich doch vorteilhaft entwickeln kann: Sie sind nämlich noch einmal mit einem blauen Auge davongekommen.

Kelch 6

Aufmerksamkeit und Interessen werden auf andere Ziele gelenkt. Der Wunsch nach Veränderung in einer Partnerschaft. Allerdings greift das nur, wenn Sie sich unter Menschen bewegen und Chancen zur Begegnung aufgreifen, aus denen sich nette und neue Kontakte ergeben können. Sie und andere sind durchaus offen für anregende Begegnungen.

Kelch 7

Phantasien, Träumereien, innere Sehnsüchte scheinen sich zu erfüllen und führen leicht zu einer falschen oder fadenscheinigen Erwartungshaltung. Die eigene Wunschvorstellung darf keineswegs dazu verführen, bei einem anderen eine zwingende Entsprechung oder Erwiderung darauf zu finden oder gar einfordern zu wollen.

Kelch 8

Hinwendung zu einer intensiven Partnerschaft oder zu neuen, tiefgründigeren geistigen Interessen. Erst tiefere Gemeinsamkeiten verbinden Menschen untereinander, das heißt aber nicht, dass es weniger Spaß geben muss, im Gegenteil: Auch dieser Teil wird intensiver erlebt werden.

Kelch 9

Vertiefung einer gemeinsamen Vertrauensbasis, innere Zufriedenheit, jedoch auch mögliche Selbstgefälligkeit, wenn die Zufriedenheit in den Zustand der Erstarrung übergeht. Das derzeit Erreichte ist immer nur ein Zwischenzustand auf dem Weg: Stillstand hätte Erstarrung zur Folge, ein Leben in der Vergangenheit, und verschließt vor weiteren Entwicklungen.

Kelch 10

Hochstimmung, Glücksgefühl und ausgelassene Freude, Erfüllung eines innigen Wunsches oder Einlösung eines Versprechens. Das ist ein typischer Moment, an dem man am liebsten die ganze Welt umarmen könnte, vor Freude die Tränen nicht zurückhalten kann, weil man tief im Inneren ergriffen und bewegt ist.

Kelch König

ALS PERSON: Ein hilfsbereiter, verständnisvoller, aber auch tiefsinniger und schwieriger Mann. Er widmet sich gern schöngeistigen Dingen und vergisst dabei zu leicht die eigenen Belange oder Probleme, so dass er zuweilen wie ein Träumer wirkt. SYMBOLISCHE FUNKTION: Seelische oder moralische Hilfe. Das Bemühen um Harmonie und Gemeinsamkeit in einer Gruppe: Man möchte „seine Schäfchen" schon wohl behütet in der Herde wissen.

Kelch Königin

ALS PERSON: Eine gefühlvolle, selbstlose, aber auch ein wenig empfindsam erscheinende Frau. Sie kann jedoch vergeben und verzeihen. Echten Bitten an ihr Mitgefühl kann sie sich kaum verschließen.

SYMBOLISCHE FUNKTION: Einer aufrichtigen Bitte wird entsprochen, auch der Bitte um Verzeihung. Eine Gunst soll erwiesen werden, doch bedenken Sie, dass eine Gunst nicht erkauft werden kann, sondern erworben werden muss.

Kelch Ritter

ALS PERSON: Feinfühlig, musisch begabt, versteht er sich darauf, andere für sich zu gewinnen, sie zu erobern. Er kann seine Eitelkeit pflegen, um einen gewinnenden Eindruck zu erwecken.

SYMBOLISCHE FUNKTION: Geselligkeiten, Veranstaltungen, die Abwechslung bieten. Eine Romanze, der kein zu hoher Stellenwert beigemessen werden sollte. Die Karte zeigt aber nicht immer an, dass ein Kurschatten oder ein Geliebter im Spiel ist. Sie deutet auf eine Abwechslung im Alltagstrott hin.

Kelch Page

ALS PERSON: Kindlich, naiv, blauäugig und heiter mit einer ehrlich-unschuldig wirkenden Art. Als Kind wickelt er alle auf nette und liebe Art mit links um den kleinen Finger. Da fällt es dann wirklich schwer, auch einmal Nein zu sagen.

SYMBOLISCHE FUNKTION: Sympathisches und freundliches Auftreten öffnet jede Tür. Eine freudige Überraschung, die voller Dankbarkeit empfangen wird.

141

Anhang

Tafel zum Auffinden der I-Ging-Hexagramme

oberes Tri-gramm / unteres Trigramm	☰	☱	☲	☳	☴	☵	☶	☷
☰	1	11	34	5	26	9	14	43
☷	12	2	16	8	23	20	35	45
☳	25	24	51	3	27	42	21	17
☵	6	7	40	29	4	59	64	47
☶	33	15	62	39	52	53	56	31
☴	44	46	32	48	18	57	50	28
☲	13	36	55	63	22	37	30	49
☱	10	19	54	60	41	61	38	58

Suchen Sie in der senkrechten Spalte das untere Trigramm, also die untere Hälfte Ihres Hexagramms, und in der waagrechten Spalte das obere Trigramm, also die obere Hälfte des Hexagramms. Der Schnittpunkt der beiden ergibt die Nummer Ihres Hexagramms.

Das Rad des I Ging

von Günter Hager

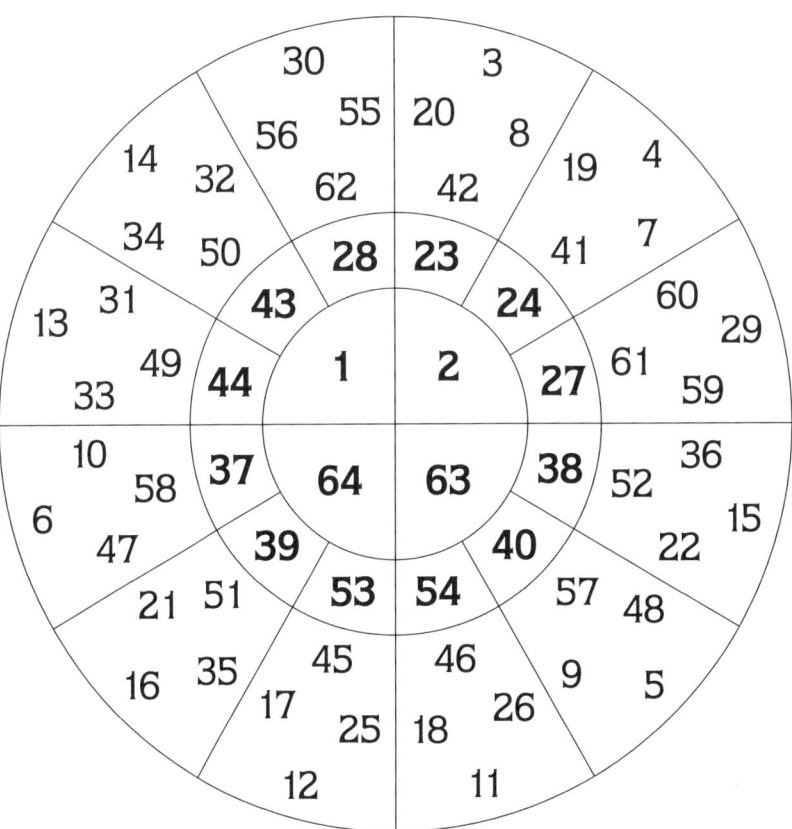

Welche Tarotkarten soll man verwenden?

Im Handel gibt es eine Vielzahl von Tarotspielen. Nach unseren Erfahrungen kann man mit jedem Tarotspiel, das der traditionellen Struktur von 22 Großen und 56 Kleinen Arkana entspricht, gut arbeiten. Die Bilder weichen allerdings teils erheblich voneinander ab. Nicht immer sind die Zahlenkarten der Kleinen Arkana mit szenischen Darstellungen ausgestaltet, sondern sie enthalten manchmal nur Symbole entsprechend der Zahl und der Serie. Berücksichtigen Sie bei der Auswahl folgende Kriterien:
▷ Welche Art der Bildgestaltung spricht Sie an oder gefällt Ihnen spontan?
▷ Die Hauptmotive sollten in den Bildern klar und deutlich erkennbar sein. Einige Spiele zerfließen förmlich vor unverbundener und übersteigerter Detailsymbolik. Sie sind für „Studienzwecke" interessant, doch im praktischen Gebrauch zumindest für den Anfänger eher verwirrend als erhellend.
▷ Auch Bilder, die die Motive eher undeutlich, wie im Nebel oder mit dem Hintergrund verschmolzen darstellen, so dass nur vage Konturen erkennbar sind, sind für Anfänger weniger empfehlenswert.
▷ Nehmen Sie als Richtwert für die Bildgestaltung beispielsweise den bekannten Rider-Waite-Tarot oder den Marseiller Tarot oder den in diesem Buch behandelten und abgebildeten Arcus Arcanum Tarot.

Literatur

Weitere Veröffentlichungen des Autors
Tarot – Wege zum Leben. Urania Verlags AG, Neuhausen 1986
Tarot und Numerologie. Urania Verlags AG, Neuhausen 1992
Arcus Arcanum Tarot (mit H. Wäscher). AG Müller, Neuhausen 1986

Ergänzende Literatur
P. Anderson: Die Tänzerin von Atlantis. München 1974 (1992)
P. Anthony: Tarot-Trilogie. Rastatt 1982
P. K. Dick: Das Orakel vom Berge. Bergisch-Gladbach 1980
Brigitte Hamann: Die 12 Archetypen. München 1991
Brigitte Hamann: Lebensmuster. Wettswil 1994
E. F. Jung: Der Weg ins Jenseits. Wiesbaden o. J.
P. Vandenberg: Das Geheimnis der Orakel. München 1988
Richard Wilhelm: I Ging Textbuch. Köln 1973